錯視芸術図鑑 2
THE ART OF DECEPTION
古典から最新作まで191点

ブラッド・ハニーカット ●著

北川 玲 ●訳

創元社

The Art of Deception
Text and Illustrations Copyright © 2014 by Brad Honeycutt
Original edition first published by Charlesbridge Publishing, Inc.
under the title of The Art of Deception

Japanese translation rights arranged with Charlesbridge Publishing, Inc.,
Massachusetts through Tuttle-Mori Agency, Inc., Tokyo

目次 Contents

序文　ジョン・ラングドン ……………………………… 4

はじめに ……………………………………………………… 8

ギャラリー ………………………………………………… 11

エピローグ ……………………………………………… 212

図画版権 ………………………………………………… 220

索引 ……………………………………………………… 222

序文　Foreword

　錯視現象とは捉えにくいテーマだ——こう言っても、誰も驚かないと思う。目の錯覚は誰にでもよくあることで、目は人をあざむくものだからだ。遠くの景色は平板に見える。ある距離より遠くにあるものはすべて、我々の焦点に収まってしまうか、または焦点からはずれているせいかもしれない。遠く離れているものは実際よりも小さく見える。片目だけで見ると奥行の感覚が失われる。「写実的な」写真はものを二次元で表したものだが、そのもの自体は三次元だと我々は知っている。魚、ハエ、ニワトリはものの見え方が我々とはちがう。誰の目に映る「現実」が正しいのだろう？　全員、それとも、正しい者はひとりもいない？　我々が現実と思っているもののすべては目の錯覚なのか？　だいたい、ものを「見る」のは目か、それとも脳なのか？　もちろんどちらも必要だが、目を通して得られたデータから画像を作るのは脳の内部だ。意図的に目の錯覚を創り出すアーティストとは、こうした「ツール」の多くを自在に操る人々なのである。

　二次元の画像はすべて——写真、絵画、地図、図形、そして文字も——他の人々とは異なる視覚の持ち主が作っている。アーティストの脳は他の人々の脳とは異なっている。彼らはおそらく無意識のうちに目によって、または知的に、あるいは霊的にものを捉え、その視覚に導かれて世界と関わっている。実際、創造の本質とは、人とは異なる見方や理解のしかたを分かち合うことなのだ。

　もちろん、目に見える世界のほとんどは一般人の

空中浮遊　ダニエル・ピコン　2011

見方が一致しており、その一般的な視覚が現実（リアリティ）と呼ばれている。したがってアーティストが故意に、目的をもって人の目をあざむくイリュージョンを作る場合、我々を取り巻くものへの共通の理解という文脈のなかで作品を提示する必要がある。その共通の現実が画像のほぼ全体を占め、我々の思いこみを揺るがせるものはほんのわずかなディテールしかな

い場合もある。その格好の例がダニエル・ピコンの「空中浮遊」だ。

　また、目の前に提示された視覚情報がほとんど、またはまったく「普通」とは思えない場合、文脈は見る者の人生経験によって提供されることになる。ジョー・ブルルの「木の葉」は見慣れているものの写真だが、我々は見た瞬間にもっと見慣れている別の何かを思う。ヘルマン・ポールセンやアンドレアス・アロンソン、オスカー・ロイテルスバルトの「構成された」図形は平たいイメージを示しつつ、立方体などの立体物を我々に思わせる。なので、我々はもう一度図形を見直し、これは二次元の現実でのみ可能な形だと自分に言い聞かせることになる。

　錯視芸術とは一般的に曖昧さが特徴であり、これに依存していると言える。曖昧さとは2つ以上の解釈ができるという、興味をそそられる状況をいう。ロブ・ゴンサルヴェスの絵画は、曖昧さの重要性を示すすばらしい例だ。彼のテーマは説得力のある解釈からもうひとつの解釈へとぎれることなく移っていく。「バリエーションのある繰り返し」という言葉は曖昧さをうまく言い表しているが、これはあらゆる芸術表現の礎なのだ。多くの芸術家は同じテーマで描いてきた――だが、その表現方法にはひとりひとりの物理的、知的、または哲学的な視点が生かされている。ジェーン・パーキンスの「真珠の耳飾りの少女」は思いがけない素材を使い、シンプルに仕上げてある。このような見慣れた絵画は、現代のアーティストが独自の想像力を発揮したとき、新たな喜びと「復活した」喜びを同時に与えてくれる。本書にはM.C.エッシャーの作品にインスピレーションを得た複雑なイリュージョンがいくつも掲載されているが、やはり同じことが言える。

　バリエーションのある繰り返しが必要なのは、こ

木の葉　ジョー・ブルル　2002

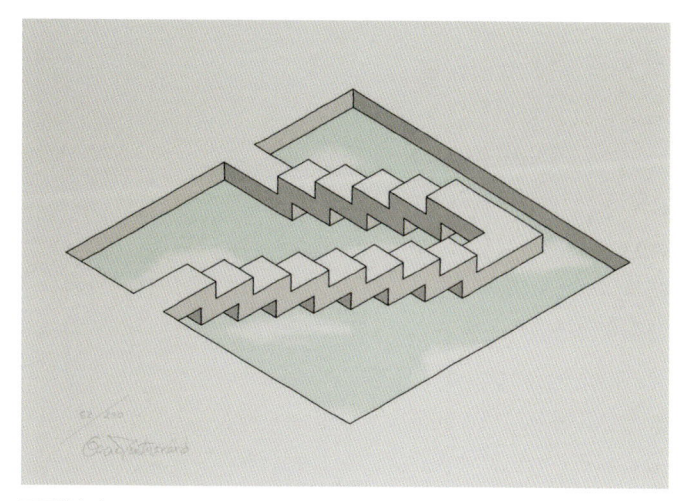

不可能な窓　オスカー・ロイテルスバルト

真珠の耳飾りの少女　ジェーン・パーキンス　2011

れによって文脈が提供されるからだ。設定が見慣れたものであれば、見る者はゆったりした気分で新たなものを味わっていける。ただし、見慣れたものしかない作品は退屈だ。作品から受ける印象もあまり長くは続かない。作品に面白み、楽しみ、悟りなどを与えるにはバリエーションが必要だ。もっとも、まったく見慣れない絵画となると、20世紀前半の抽象絵画がそうであったように、見る者に受け入れられないことが多い。抽象芸術は独自の親しみやすさを勝ち取らなければならなかった。本書に掲載されている錯視芸術作品は繰り返しもバリエーションも備え、それぞれのやり方で慎重に両者のバランスが

Reality（実在） ジョン・ラングドン 2004

とられている。

　バリエーションのある繰り返しは錯視芸術の必須条件である。本書に収められている作品を「ペテン」と称するのはあまりにひどい仕打ちだが、魔法の杖のひと振りや笑えるジョーク、不意打ちのパーティーなどを伴うこの作品群を見ていると、見覚えのあるものを感じながらも目をあざむかれ、驚かされることになる。たとえば、良くできたアンビグラム（さかさま文字）は、たとえ高度に図案化されていても見慣れた単語だとわかり、それでいて文字のひとつひとつが目の錯覚を呼ぶものでなければならない。見慣れた文字のように見えながら、他の文字の役目も果たしている。だが、デザインを別の視点から見なければそれがわからない。

　哲学的に言うと、こうした作品には人生の重要な教訓が含まれている。人生とはなじみのある経験の積み重ねであり、日々の生活はバリエーションによってときおり中断する。バリエーションには予期しているものもあれば、不意に生じるものもある。本書に収められている芸術作品は、不測の事態を予期するよう我々に教えている。何か別のものを描写した画像を通じて、我々は現実について学ぶことができるのだ。

ジョン・ラングドン
アーティスト、執筆者、タイポグラフィの専門家

何か別のもの　ジョン・ラングドン　2013

はじめに　Introduction

「芸術とは本物の感情を生み出す偽物だ——真実を生み出す嘘だ。それに身をゆだねたとき、偽物は魔法となる」

——マルコ・テンペスト（バーチャル・マジシャン）

　私の処女作『錯視芸術図鑑』（テリー・スティッケルズと共著）は、才能あるさまざまなアーティストによるすばらしい錯視芸術作品を集めたものだ。この本をすでにご覧になったか、または錯視芸術、だまし絵などを長年楽しんできた方なら、知っている名前を本書でもたくさん見出せることだろう。ロブ・ゴンサルヴェスの魔法のような絵画、ジョン・ラングドンやスコット・キムのみごとなアンビグラム、オクタビオ・オカンポのメタモルフィックな肖像画、ジャンニ・A・サルコーネやイシュトバン・オロスの不可能で曖昧なデザイン、チョウ・ホン・ラムやディック・ターメスの独創的なイラストレーション、等々。前著とは異なり、本書ではアーティスト自身の言葉や考察をまじえ、錯視がなぜこんなにも魅力的で目を開かされる思いがするのか、そのマジックと科学を解き明かしてみたい。本書に掲載されているすばらしいアーティストたちは、自分の技法、視覚、人の目と脳をあざむく能力について語っている。

　本書の大部分は前著に掲載しなかったアーティストたちの錯視芸術作品で占められている。ベヴ・ドゥーリトルやリウ・ボーリンの巧みにカムフラージュされた作品、オレーク・シュプリャークの「1つで2つ」の絵画、エリック・ヨハンソンやトーマス・バーベイのみごとな写真加工、カート・ウェナーやトレーシー・リー・スタム、レオン・キールの路上に描いた3Dアナモルフィック・アート、食材のみで風景画を創り出すカール・ワーナー、等々。こうした画家、イラストレーター、彫刻家、写真家、研究者たちは出身地も経歴もさまざまだ。名前をよく知られている人もいれば、ほとんどの人にはなじみのない人もいる。経歴は人それぞれだが、全員に共通している特徴がひとつある。人をあざむくアイデアをつかみ、それを世界に示すという魔法のような能力があるという特徴だ。

　力強い表現は複雑にする必要がない。これは錯視芸術の最も魅力的な要素のひとつだ。たとえば104ページ、ロジャー・シェパードの「テーブルの向きを変える」を見てもらいたい。白黒のシンプルなデッサンが、我々の目や脳が命じるものすべてに逆らっている。このイラストでは2つのテーブルが並んでいる。左のテーブルは縦長の向きに、右のは横長に。左右のテーブルは天板の大きさがまったく異なるように見える。この2つがまったく同じ大きさだとはなかなか見抜けないだろう。信じられないって？　では、このページをコピーして切り抜くか、紙を上に置いて慎重になぞるかして確認してみたまえ。まったく同じ大きさの平行四辺形だと思い知らされるだろう。だが、そうとわかっても、後日この絵を見たら、

また同じ錯覚に陥るはずだ。

　このイリュージョンは、天板の厚みと脚を取り除き、平行四辺形だけにしても効果がある（威力は薄れるが）。立体感がなくなっても、我々はこの平行四辺形が遠近法で描かれていると思ってしまう傾向がある。

　もちろん、錯視芸術作品のなかには複雑きわまりなく、創り出すのに時間も努力も専門技術も求められるものも多い。たとえば次ページの作品、エリック・ヨハンソンの「自分の道を進め」は、混乱という表現がいちばんしっくりくるのではないだろうか。のどかな田園風景に曲がりくねった道が通っている。だが、この道の終端に思いがけないひねりが加えられているのだ。風景全体として見ると、ありえないと脳が叫んでいても、そのままカメラで捉えたもののように感じられる。このような写真は、視点も照

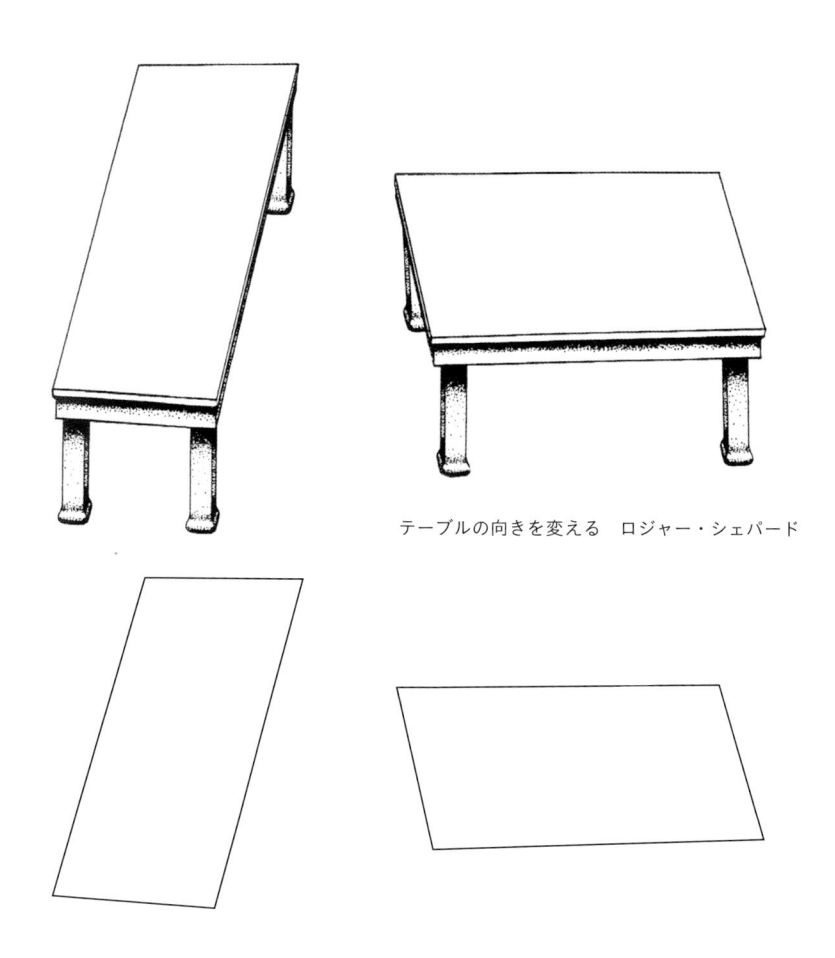

テーブルの向きを変える　ロジャー・シェパード

明も同じ条件で何枚も写真を撮り、アドビ社のフォトショップのようなコンピュータ・ソフトを使って組み合わせなければ作れない。一瞬の時を捉えた写真とは異なり、何時間も費やし、何層ものディテールにこだわって初めて誕生する。当然ながら、複雑さは写真のさまざまな要素の組み合わせ方にある。単一の画像だと見る者に思いこませるためには、写真と写真の継ぎ目がわからないよう細心の注意を払う必要がある。そして出来上がった作品は魔法としか言いようがない。

　人の目をあざむこうとして作られた作品もあれば、偶然に生まれた作品もある。いずれの場合も、本書に登場するアーティストたちはその作品を通じて我々に現実には存在しないものを見させ、我々の予想を裏切り、なんの変哲もなさそうなものに別の意味を隠し、二次元の物体がページから飛び出すように見せかける。彼らの才能や想像力を知ることにより、自分のものの見方は必ずしも完璧ではないと読者のみなさんが認識できたらと願っている。さらにその過程で楽しんでもらえたら、私にとって望外の喜びだ。

ブラッド・ハニーカット

自分の道を進め　エリック・ヨハンソン　2008

GALLERY
ギャラリー

ロブ・ゴンサルヴェス

灯りが消えたとき　2013

カナダ人のアーティスト、ロブ・ゴンサルヴェスは現実の舞台に魔法をかけ、幻想的な風景を描き出す。彼自身、自分の作品を「マジック・リアリズム」と称している。この絵は停電になった大都会を魅惑的に描いたものだ。光を失った摩天楼のシルエットが湖に映し出されたとき、街は突如として命を吹き返す。

ロブ・ゴンサルヴェス

水の踊り子たち　2011

白いドレスをまとった踊り子たちは、月明かりに照らされた滝から流れるように現れ、夜空の下で優雅に舞う。ゴンサルヴェスの想像から生まれるほとんどの作品がそうであるように、この絵も魔法による変換がなされ、夢を見ているような気持ちにさせられる。

ロブ・ゴンサルヴェス

上と下と　2011

ゴンサルヴェスは若い頃、遠近法の魔術師であるM.C.エッシャーや、シュールレアリズムの画家サルバドール・ダリ、イヴ・タンギー、ルネ・マグリットの影響を受けたという。今日、ゴンサルヴェスは北米在住の最も有名なシュールレアリズム画家のひとりと認められている。

ロブ・ゴンサルヴェス
言葉の間の空間　2013

ゴンサルヴェスの作品は限定版プリントの他に『終わらない夜』『真昼の夢』『どこでもない場所』という一連の本にもなっている。3冊ともセーラ・L・トムソンが文章をつけ、あらゆる年代が楽しめる。この絵を見ていると、自分が読んでいる本の世界に文字通り入っていくように思えてくる。そして、著者の言葉が作り出す新しい世界への窓が開くのだ。

ロブ・ゴンサルヴェス

水平線へ　2012

この絵はゴンサルヴェスのかつての傑作を下敷きにしたものだ。最初の作品「夕暮れ時のセーリング」では、遠方に見える太鼓橋が画面手前に近づくにつれ堂々たる帆船に変わっていくというもので、かなり前に売り切れた。この絵では逆に、遠方に見える帆船がアーチ状の橋脚となり、その橋の上を車が走っている。

ロブ・ゴンサルヴェス

夜のスケート　1997

白い雲が雪に覆われた地面に、凍てつくような夜空が氷に覆われた小川に、星がランタンを持ったスケーターに変わっていく。このような変換がごく自然に見えるよう、ゴンサルヴェスはどの作品にも相当に時間をかけている。画業に専念するようになったのは、1990年のトロント野外美術展で作品が好評を博してからだ。

リウ・ボーリン

町に隠れる No.71：ブルドーザー　2008

リウ・ボーリンは中国の急激な産業成長と、それが人や自然に及ぼす影響を主に掘り下げている。テクノロジーの進歩がやがては我々を滅ぼすのではないか、と彼は一貫して問い続ける。発展のために我々が環境や健康をかえりみなくなるのでは、と不安を抱いている。ボーリンはある特定の光景のなかにとけこみ、人の視線を自分にではなく背景へといざなう。その背景は我々がみずから作り出した危機を伝えるために選ばれたものだ。

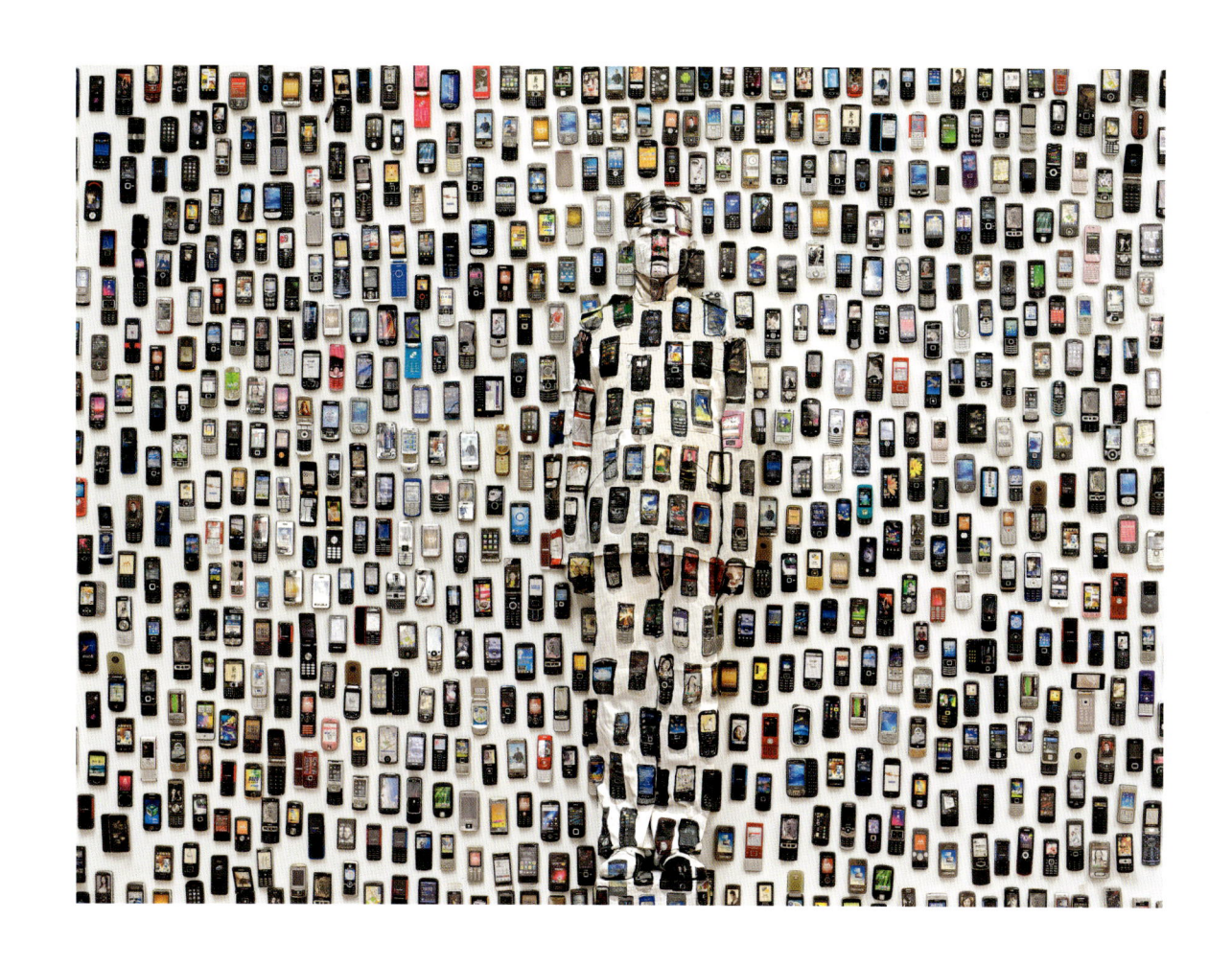

リウ・ボーリン

町に隠れる：携帯電話　2012

この作品でボーリンは大量の携帯電話のなかに隠れている。彼は次のように語っている。「この写真は、人が作った文明と人間の本質との矛盾した関係を問いかけるものだ。この関係を無視し続けていたら、我々はいずれ代償を払うことになるだろう」

リウ・ボーリン

町に隠れる No.94：木立のなか　2010

ボーリンはこの作品についてこう語る。「これは北京空港のそばで撮った。この10年間、北京はすさまじい変化を経ている。昔ながらの通りの多くは変わり、建物は取り壊され、建て直されている。ある日、朝陽区を通った私は木々がすべて切り倒されているのに気づいた。北京で木が生えている所はいずれ郊外だけとなるような気がした。この作品は、北京の未来の工業化に対する懸念を表現している」

会田 誠

畦道　1991

グラフィック社刊の作品集『MONUMENT FOR NOTHING』のなかで会田誠は次のようなことを書いている。「この作品のアイデアは、朝ガールフレンドが身支度をして髪を真ん中から分けているのを寝ぼけまなこで見ているときに思いついた。これを描きながら、東山魁夷（20世紀の日本最高の風景画家）とルネ・マグリットを頭の片隅で意識していた」

オレーク・シュプリャーク

自画像　2011

ウクライナのアーティスト、オレーク・シュプリャークはユニークなだまし絵を描く。「1つで2つの絵画」だと彼は言う。人の肖像画（有名人が多い）が周囲の風景に溶けこんでいるのが特徴だ。彼は1991年からこうした作品を描き始め、今や作品は100点近くにのぼる。この作品では、男性が2本の木の間で正座し、こぢんまりとした民家のある風景を描いている。同時に、男性を含めた風景全体がさらに大きな自画像をなしている。

オレーク・シュプリャーク
自由の精神　2012

シュプリャークがこの作品を初めて描いたのは1991年、ソ連邦が崩壊しウクライナが独立したときだった。描かれているのはウクライナの詩人で画家でもあるタラス・シェフチェンコだが、よくよく見ないと彼の肖像画に気づかないかもしれない。楽器を抱えた男性がシェフチェンコの鼻と口になり、2艘の帆かけ舟が彼の目となっている。木々と空を舞う鳥が頭部と顔の輪郭をなしている。

イーゴリ・モルスキー

自然　2012

このコンピュータグラフィックスは、ある雑誌用に作成した自然の四季を愛でる一連の作品のひとつで、二重の意味がある。まずは1本の木が目に入るだろう。前景にはカラフルな鳥が、遠くには雪を頂いた山脈と川が見える。だが、木の紫色の花は人の脳を、幹は脳幹を思わせる。その結果、人と、人を取り巻く自然との結びつきを雄弁に物語る作品となっている。

エリック・ヨハンソン
自分の道を進め　2008

スウェーデン出身のエリック・ヨハンソンは写真家であり、フォトレタッチ作家でもある。写真を使って、頭のなかにあるアイデアを表現する。彼は写真を何枚も撮り、フォトショップを使って創造的な、そして現実にはありえない光景を作り上げる。講演で彼は自分の創造的プロセスについてこう語っている。「想像できるものを捉え、不可能を実現するということだ。自分に想像できるものが自分に創造できるものなんだと思う」

エリック・ヨハンソン

自己実現　2011

この光景を作るために、ヨハンソンはまずバーネン（スウェーデン）で白い無地のキャンバスの前に立っている画家の写真を撮り、これを背景とした。キャンバスの絵はフォトショップを使えば簡単に描けたはずだが、ヨハンソンは手描きし、それを写真に撮って無地のキャンバスと入れ替えた。そうすることで、最終的な作品にできる限りの現実味を持たせられるとヨハンソンは感じたのだ。

エリック・ヨハンソン
海での作業　2007

写真を撮るプロセスはシャッターを押した時点で終わる、とヨハンソンは考えている。ふさわしい場所でふさわしい時を選ぶのがすべてだ、と。何か違うものを創るのが彼の目的であり、そのプロセスはシャッターを押したときから始まる。彼はどの作品でもリアリズムを守りつつ、瞬間ではなく考えを捉えようとする。ありえない風景を描きながらも、彼の作品はまるで1枚の写真として撮影したように見える。

エリック・ヨハンソン

常識の交差点　2010

この非常に変わった交差点をしばらく眺めていると、なんとなく不安になってくる。通りを走る車を見上げているのか、見下ろしているのかわからない。1本の通りは車も歩行者も信号機もふつうなのだが、それと交差する通りはすべてが上下さかさまに見える。

エリック・ヨハンソン
上側の下側　2009

何かを捉えていながら、それとは別の何かに見えるようなイリュージョンがヨハンソンのお気に入りだ。特に好きなのはM.C.エッシャーの遠近法イリュージョンとサルバドール・ダリが描くシュールレアリズムの絵画だ。ヨハンソンは作品を制作中に、写真を使い彼らと同じ技法を取り入れようとする。この作品では、視点がまったく異なる2枚の写真を合成してひとつの光景を作り上げている。

セサル・デル・バジェ

肖像画 II 7　2007

コロンビアのアーティスト、セサル・デル・バジェの鉛筆画は写真と見間違うほどだ。リアルに描かれた人物と周りの環境とは、互いに働きかけているように見える。この作品では、女性がひもを引き、自分が描かれている紙の端を引き寄せようとしている。

セサル・デル・バジェ

肖像画 Ⅲ 7　2008

この作品では、男性がしわになりかけた紙から身を守ろうとしている。「しわ」の部分は実際に紙をしわくちゃにしたように見えるが、すべて鉛筆で描かれたものだ。メデジン市（コロンビア）のアンティオキア大学で学んだデル・バジェはこう語る。「ぼくの作品の基本はデッサンとその共通要素であり、その形式である点、線、面とその素材、この作品ではグラファイトと紙によって人の目を引きつける」

カート・ウェナー

魔法のじゅうたん　2005

1980年代、カート・ウェナーはアナモルフィック（歪像化）や遠近法の要素をストリート・ペインティングに取り入れ始めた。ある特定の角度から見ると、平らな通りに描かれた絵が三次元の世界に変わる。それ以外の角度から見るとひずんだ絵にしか見えない。ウェナーは芸術形式に革命をもたらし、この形式は今や3Dストリート・アートとして知られるようになった。本作品はキリスト聖体節の祭りのとき、ベットーナ（イタリア）の路上に描かれたもの。ウェナーの息子と友人が魔法の街の上空をじゅうたんで飛んでいる。

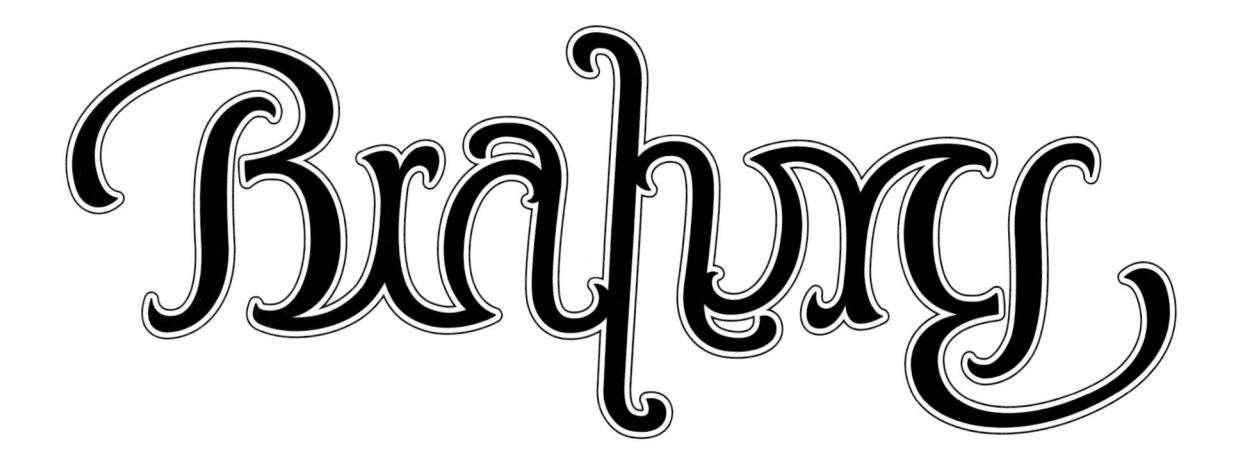

スコット・キム

ブラームス　2006

ピアニストでもあるスコット・キムにとって、ヨハネス・ブラームスは英雄のひとりだ。上下さかさまにしてもまったく同じこのデザインは、2008年にワークマン・パブリッシング社から発売された日めくりパズル・カレンダー用に作られた。このカレンダーには有名なクラシックの作曲家たちの名前を使ったアンビグラムが含まれている。キムは言う。「ブラームスの豊かで朗々とした音の響きが特に好きなので、この作品には豊かでどこか装飾的な雰囲気を込めてみた」

スコット・キム

ナンバーズ　1982

このデザインはマーティン・ガードナーの著書『aha! Gotcha　ゆかいなパラドックス』の数字に関するパラドックスの章の扉のために作られた。10個の数字のスペルを文字ではなく数字だけで表してみたもの。特に8と9は文字として使うのに苦労したという。

スコット・キム

韓国／アメリカ　2007

このアンビグラムはKoreAm Journal誌にキムに関する記事が掲載されたときに寄せられた。この雑誌はニュース、文化、娯楽、スポーツ、政治、そして韓国系アメリカ人を扱っている。キムは次のように語っている。「ぼくの祖父は1903年、最初の移民の波が訪れたときに渡米した。韓国系アメリカ人として認められるのはすばらしいことだ。5個の文字（KOREA）を7個（AMERICA）に変えるため、後者の両端のAを曲線の「はね」に見立て、前者では文字として認識させないようにした。赤、白、青はアメリカと韓国の国旗の色を表わしている」

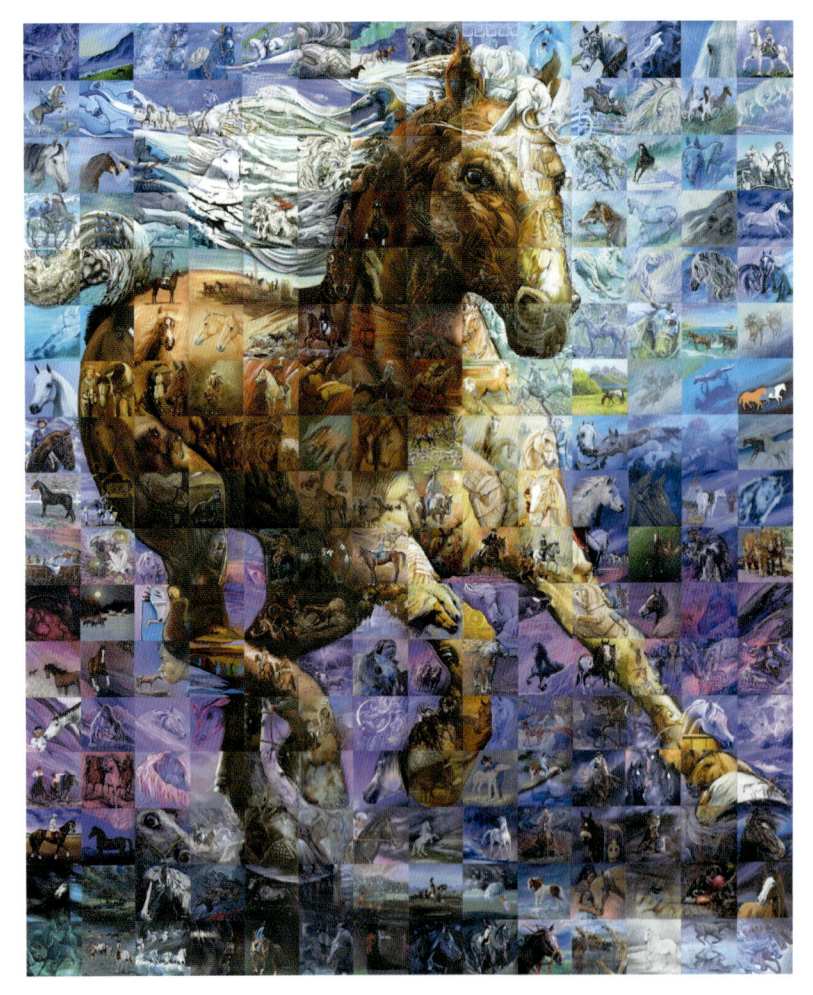

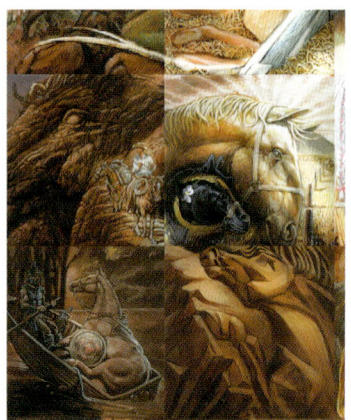

ルイス・ラボイエ

ホース・ギフト 2008

この壁画は174人のアーティストが馬をテーマに描いた238点の絵画を組み合わせた合作だ。高さ7メートル、幅5.8メートルの壁画は手作りで、参加したアーティストは形、色、色調を指定され、テーマは馬だと告げられているが、最終的な全体像については聞かされていない。馬の目の部分を拡大した右の写真では、個々の絵がはっきり見られる。この壁画は2008年以降、北米のさまざまな展覧会に出品されている。

ベルナール・プラス

アインシュタイン　2000

ベルナール・プラスは種々雑多なモノを組み合わせ、誰にでもわかるイメージを作り上げる。本作品はがらくたの山が物理学者アルベルト・アインシュタインの有名な写真の形となっている。スーツケース、ヨット、マネキン、電話、ライオンの置物、その他のゴミが考えて配置され、人目を引くイリュージョンとなった。プラスは新たに作品を作り始めるたびに、考えている通りには作れないのではないかと感じるそうだ。「毎回目標を達成できると確信していたら、何か別のことをやっているよ」と彼は言う。

ジェームス・ホプキンス

ラブ・シート　2007

イギリス人アーティスト、ジェームス・ホプキンスは日用品を洗練されたイリュージョンに変えてしまう。彼は言う。「アルファベットの文字に形が似ている椅子があると気づいた。そこで椅子の一部をはずし、椅子の機能の可能性を指摘するメッセージを込めてみた。この作品にはLOVEが込められているが、すぐには気づかれないだろう。我々は最初に目に映ったもの、ここでは椅子を見ようとするからだ」

ジェームス・ホプキンス
無駄に過ごした青春　2006

ホプキンスはブライトン大と、ロンドン大のゴールドスミス・カレッジの両大学で美術の学位を取得している。この作品は高さ190センチ、幅157センチ、奥行き30センチで、大学生の部屋に似合いそうな棚で構成されている。ライト、スピーカー、ボトル、ミラーボール、時計、ステレオ、ギター、ラーヴァ・ランプ、スケートボード、CD、レコードなどが並ぶ棚は、よく見ると何か不吉なものを思わせる。

ジェームス・ホプキンス
ゴースト　2011

ワインのボトルの前に白い塊がある。よくよく見ると、鏡面仕上げのボトルに人の頭がい骨が映っている。この白い塊を逆の方向から見た種明かしが右のページだ。白い塊の裏側は、曲線を描くボトルの鏡面に映ったときに頭がい骨に見えるよう、歪んだ形に彫られている。

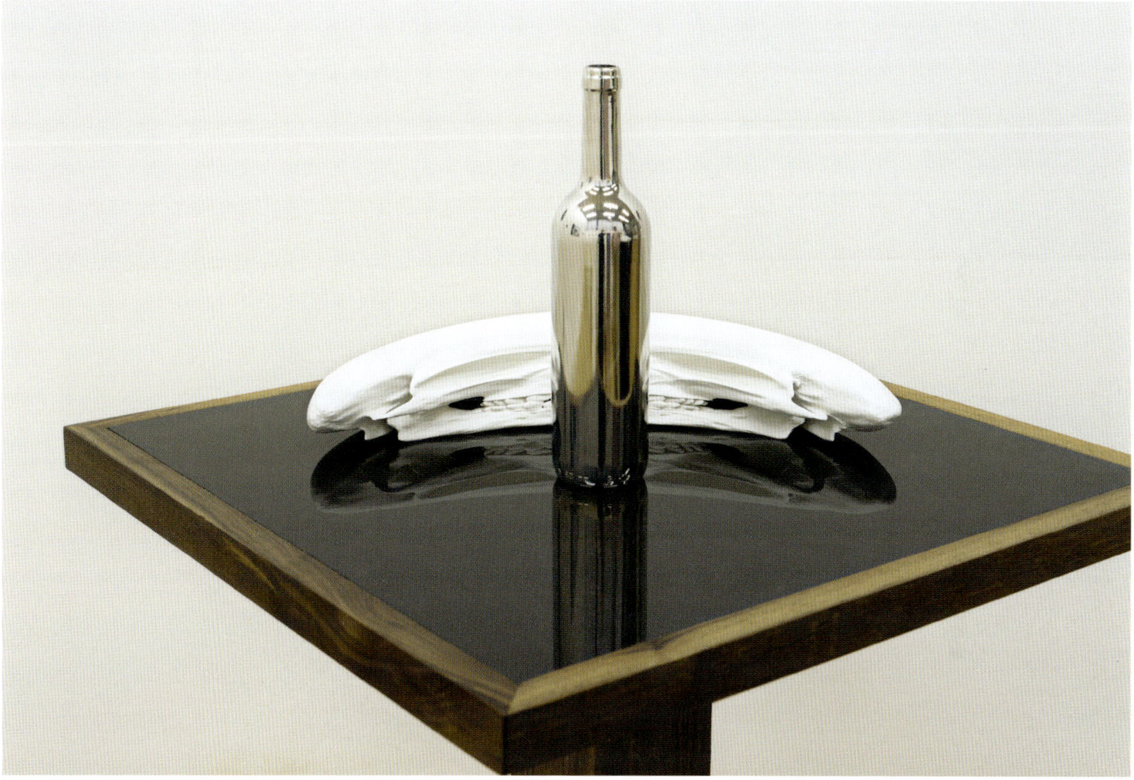

ベン・ハイネ

鉛筆 vs カメラ―32　2010

ビジュアル・アーティストのベン・ハイネには「鉛筆vsカメラ」というイラストと写真を組み合わせた一連の作品がある。想像力と現実を組み合わせた作品とも言える。この写真はドイツのケルンで撮影された。ハイネは立体感のあるスケッチを手にしている。見る者は新たな次元に足を踏み入れたような気分になる。「ぼくは人のためにアートを創っている。みんなに夢を見てほしい、日常のごたごたを忘れてほしいんだ」

ベン・ハイネ

鉛筆 vs カメラ—4　2010

リスボン（ポルトガル）のアルファマ地区、狭く急勾配の道を市電28号線が通っている。この作品は市電をスケッチした紙切れをカメラの前に差し出して撮影した。一連の作品には、どれもハイネの手がはっきり写っている。手はアーティストと作品と見る者をつなぐ役割を果たしている、と彼は言う。

オスカー・ロイテルスバルト
不可能図形

1915年にスウェーデンのストックホルムで生まれたオスカー・ロイテルスバルトは「不可能図形の父」として知られる。このように呼ばれるようになったのは、不可能図形をれっきとした芸術形式にした最初のアーティストだからだ。1934年、彼は立方体を組み合わせて不可能な三角形を初めて作った。数学者ロジャー・ペンローズはのちにロイテルスバルトの作品を「最も純粋な形における不可能性」と称した。この三角形のバリエーションが本作品で、三辺それぞれに立方体がひとつずつおまけに浮かんでいる。

オスカー・ロイテルスバルト
不可能図形

ロイテルスバルトは生涯を通じて不可能図形を何千も作成した。今日でも彼の作品は学ばれ、彼が作ったありえない幾何学の派生作品が誕生し、さまざまな形で敬意が払われている。数学者、心理学者、研究者は今もなお、視覚の領域で彼の作品を研究し続けている。本作品ではV字の部分が中央の垂直柱と2カ所で交差しているが、その交差のしかたが現実ではありえない。

オスカー・ロイテルスバルト
不可能図形

ロイテルスバルトはたいてい日本の半紙にフリーハンドで不可能図形を描いていた。定規など道具はいっさい使わない。本作品には不可能とはっきりわかる要素が2つある。まず、長方形が不自然な形にねじれている。そして折れ曲がった線は3カ所で長方形と交差しているが、この線だけ見ると完全に水平なのだ。

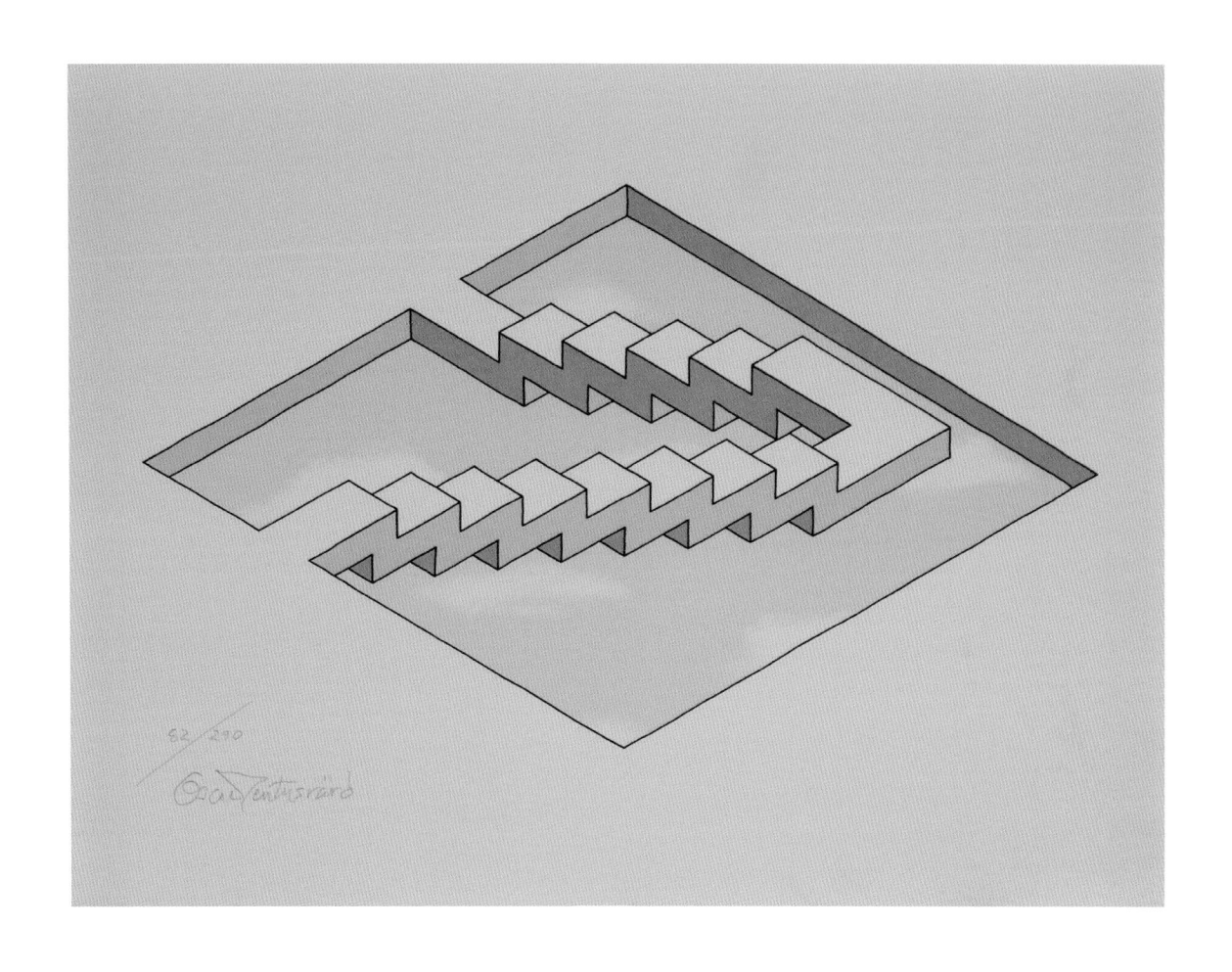

オスカー・ロイテルスバルト
不可能な窓

1980年代、スウェーデン政府はロイテルスバルトに敬意を表し、彼の不可能図形を描いた切手を3種類発行した。不可能図形の他に、彼は「不可能な窓」も数多く制作している。本作品では窓の一端から別の端へと階段ができている。この階段を上っても下りても行き着く先の高さは出発点と変わらない。

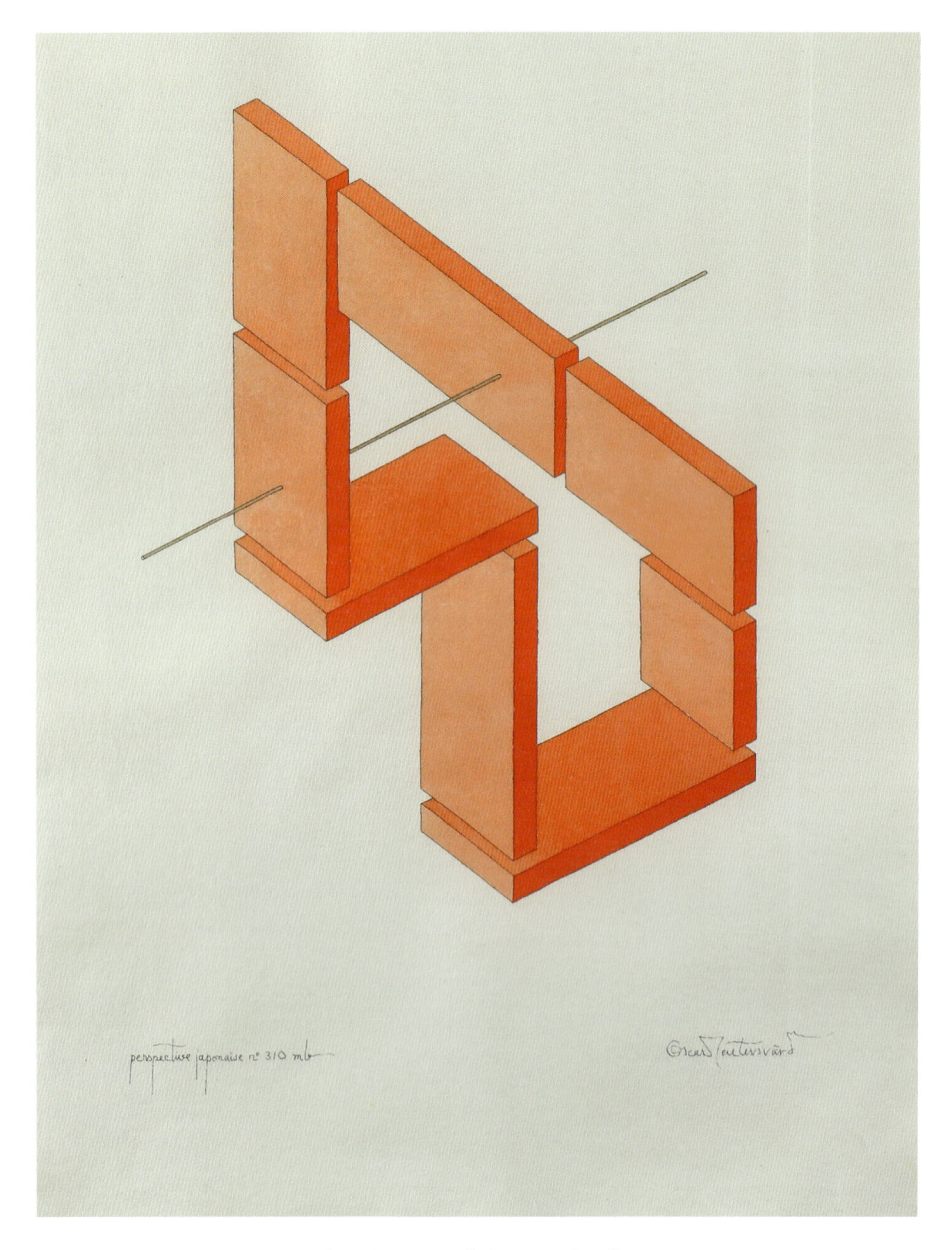

オスカー・ロイテルスバルト
日本の遠近法　No.310 mb

この図の左上を見ると、「煉瓦」は直角をなすように並んでいる。だが、縦置きのれんがと横置きの煉瓦を1本の棒が同時に通っている。紙に描かれた煉瓦はそれぞれ奥行が異なるような印象を受けるが、1つ1つが本当に直角をなしているのならあり得ない。

ロナルド・J・カラⅡとジョン・ムーア

ハイチ　2010

2010年にハイチが大地震に見舞われた後、ハイチ・ポスター・プロジェクトという募金活動が行われた。主催者グループのウェブサイトには「世界中のアーティストやデザイナーが力を合わせ、ハイチの被災者に援助の手を差し伸べる」と記されている。ポスターの売上は慈善組織「国境なき医師団」に寄付された。本作品では黒と白で描かれた曖昧な形の腕（カラ作）が、上下さかさまにしても「ハイチ」と読めるアンビグラム（ムーア作）を取り囲んでいる。

ラリー・カガン
すごい本　2004

従来の彫刻はなんらかの塊を使って形作るものだが、ラリー・カガンのシャドウ・アートは影の斬新さを主なよりどころとしている。オブジェ／シャドウ彫刻、とカガンが呼ぶこの彫刻は、立体物と影の両方がなければ存在しない。光源の位置を変えると、影が描く形は歪むどころか、まったく形をなさなくなってしまう。

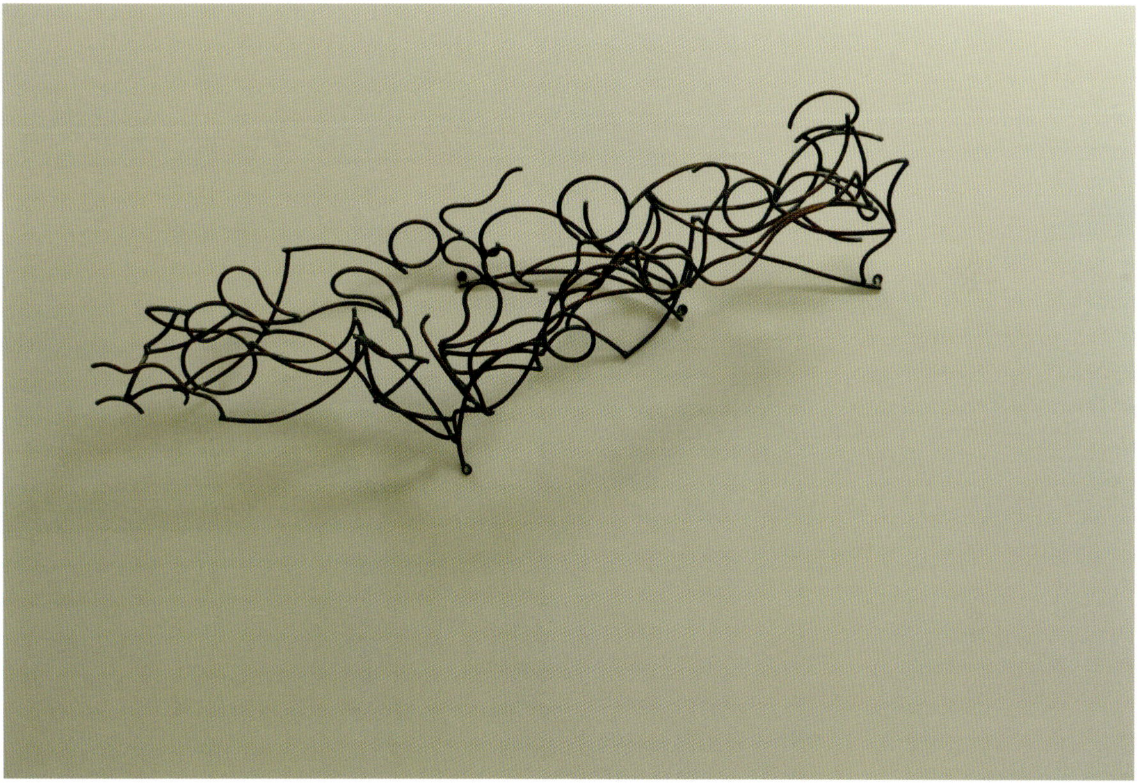

マイケル・S・ノーラン
涙を流す母なる自然　2009

スヴァールバル諸島（ノルウェー）の北東島、アウストフォナ氷河を写したこの写真は手をまったく加えていない。「これを見たとき、はっとした。泣いている女性の顔にそっくりだ。そう思ったら、もうそうとしか見えなくなった。レンズを2種類使い、撮影方法もいろいろ変えてこの滝をフィルムに収めた。私が今までに見た自然のなかで、人によく似ている最高例のひとつだ」。ノーランはこう語っている。

ジョー・ブルル

木の葉　2002

カリフォルニアを拠点として活躍する写真家ジョー・ブルルは、女性の唇を思わせる1枚の木の葉の写真を撮っている。この写真について、彼は次のコメントを付している。「ある特定のスタイルを持つというのはぼくには合わない。同じことを何度も繰り返したくないんだ。テーマ1つ1つが、どう捉えたらいいか教えてくれる。歩いていて、いいと感じたものを写真に撮る。いいという感覚はいつも同じだが、テーマもその捉え方もいつも違う」

タン・ヤウ・フーン

光を描く人　2011

マレーシアのイラストレーター、タン・ヤウ・フーンは独学で絵を学んだ。ネガティブ・スペース〔背景の空白部分〕をいじるのが好きで、イリュージョンの要素を好んで取り入れる。この一風変わったイラストでは、ペンキ塗りが夜空を黄色く染めている。その色は街灯が放つ明かりを思わせる。

タン・ヤウ・フーン

共存　2009

開発が急速に進む今日の世界では、自然と都市の拡大はしばしば対立する。本作品の上部に描かれたビル群は開発を、下部の木々と野生動物は自然を象徴している。視線を上から下へ（または下から上へ）動かしてみると、上下が曖昧な形でつながっているのがわかる。ビルとビルの間は木の幹となり、木と木の間はビルの輪郭となっている。

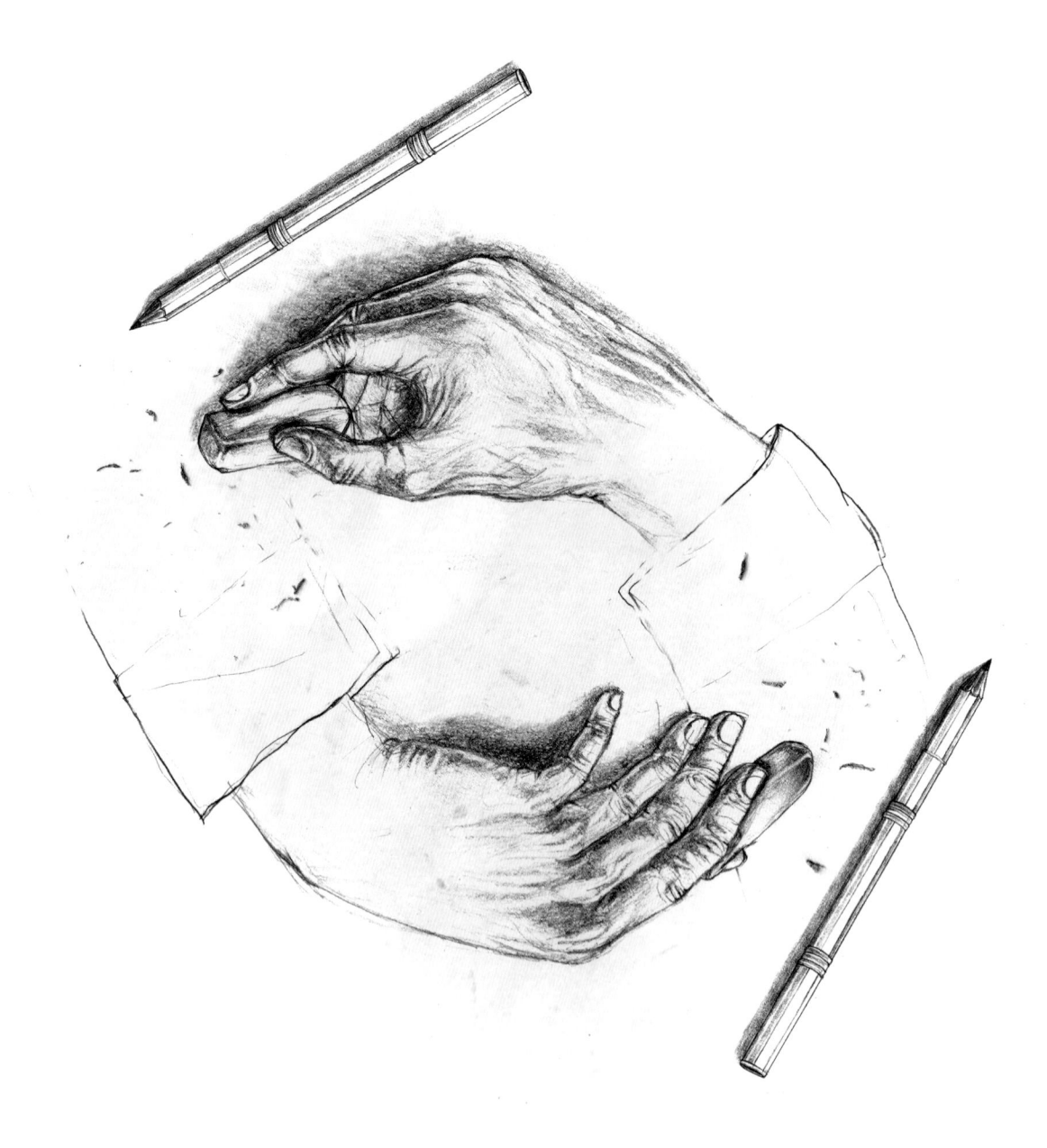

タン・ヤウ・フーン

消す手　2008

オランダ人アーティスト、M.C.エッシャーは「描く手」という逆説的な作品を1948年に発表した。鉛筆を持つ手が2つ、1枚の紙の上で互いに相手を描き出しているように見える作品だ。これを下敷きにした本作品では、手は鉛筆を置き、代わりに消しゴムを持っている。そして両者同時に相手の手首を消しにかかっている。

タン・ヤウ・フーン

自然の音：ピアノ　2011

ヤウ・フーンはグラフィック・デザイナーとして、グラフィックを通じてメッセージを目に見える形で届けようとする。本作品の単純化されたイラストでは、きれいに刈りこまれた木々が一列に並び、空で鳥が舞っている。木々とその周囲の空間はピアノの鍵盤を思わせ、いくつもの意味を含む光景を作り上げている。

アーヴィンド・ナラーレ
アイロンをかけつつ鳥にキスをする女性／3匹の犬と猫　2002

カナダ人アーティスト、アーヴィンド・ナラーレはリネン紙にインクと鉛筆でこのすぐれたさかさま絵を作った。女性が服にアイロンをかけながらペットの鳥にキスをしている。だが、この絵を180度回転させると魔法が発動し、犬3匹と猫の絵に変わる。ナラーレは自分の作品についてこう語っている。「上下を逆にするだけで、同じ線から完璧な絵が2つ現れたとき、ぼくのなかにいるアーティストは心から満足できるんだ」

アーヴィンド・ナラーレ
会話する女性／赤ん坊を抱いた少女　2002

ナラーレの本業は建築家で、アルバータ州のバンフ美術学校で水彩画と油絵を学んだ。1970年代初頭にはトロントのライアソン工科専門学院〔現在はライアソン大学と名称変更〕でペンとインクによるスケッチの授業を受け持っていた。水彩による本作品はテーブルで話しこんでいる2人の女性を描いたものだが、この絵をさかさまにすると赤ん坊を抱いている2人の少女となる。

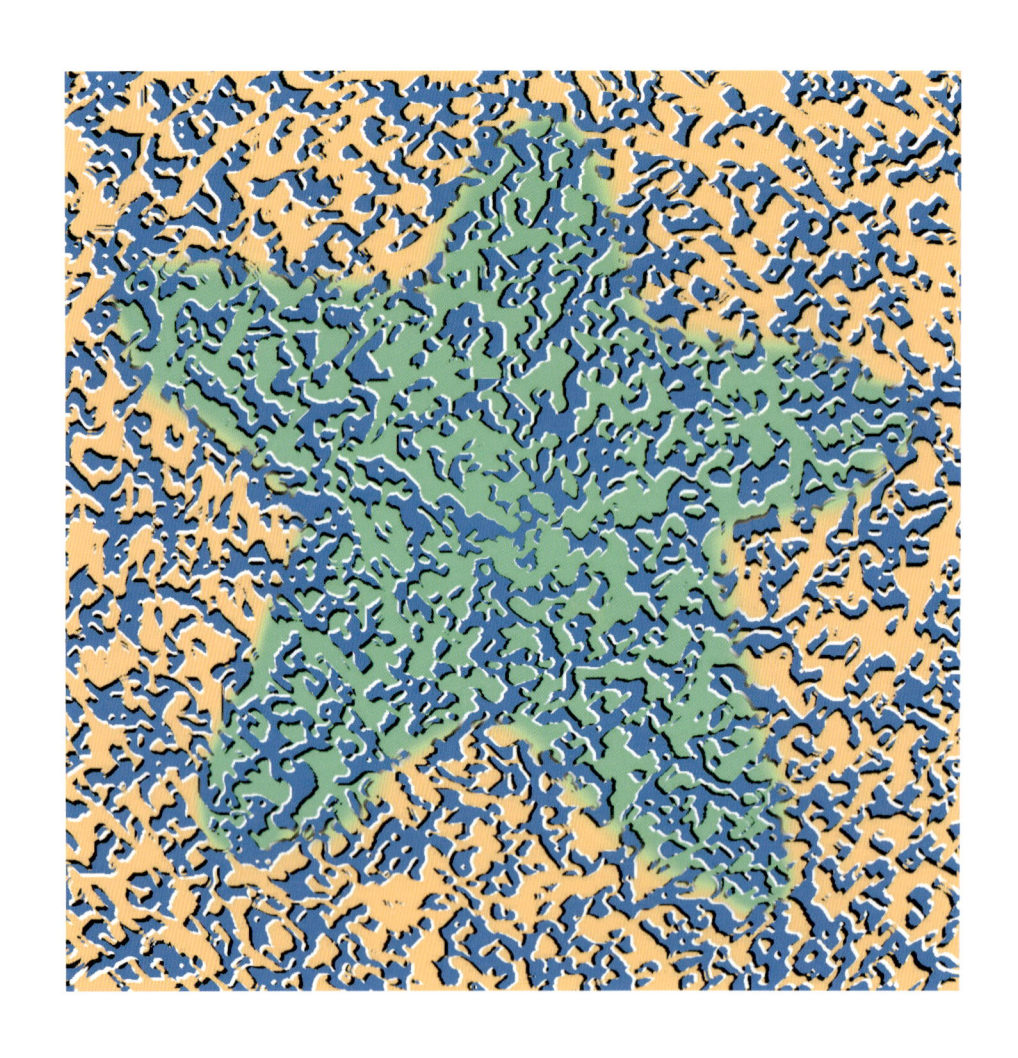

カイア・ナオ

浮かぶ星　2012

周辺ドリフト効果を利用したこの作品では、青い星を覆っている模様が動いているように見える。カイア・ナオによると「模様の背後に白と黒の版を印刷することで、"フロー状態"が生まれる」そうだ。この作品は神経相関学会による2012年度錯視コンテストで最終選考作品に選ばれた。

カイア・ナオ
賄賂　2012

鮮やかな色が画面いっぱいに流れ、渦を巻くこの作品について、ナオは次のように回想している。「〝賄賂〟はフルサイズのプリントとして初めてリクエストされた作品だ。81×107センチに拡大してもイリュージョンは損なわれないどころか、かえって強調されるとわかって興味深かった。顧客はダイニングルームに飾るつもりでいたが、作品の効果が強すぎたせいで、どこか別の場所に飾ることにしたそうだ。賢明な決断だと思う」

カイア・ナオ
トンネル視覚　2012

ナオは作品のインスピレーションを主に日本の北岡明佳教授の作品や研究から得ていると言う。周辺ドリフト錯視は、目をすばやく動かして作品をぐるりと見回すと、その効果が最も大きく感じられる。本作品では物体（右の壁際の赤電話と遠くの惑星）が加えられているため、見る者は否応なしに視線を動かされる。

マーク・パーマー

シャーク・アタック　2007

マーク・パーマーは次のように語っている。「このアンビグラムは国際アンビグラム大会で人目を引くような、かっこよくて判読しやすく、デザインとテーマが合っているものにしたかった。有名なアーティストやデザイナーから高く評価され、本や雑誌で何度か取り上げられている。ぼくのお気に入りのアンビグラムのひとつなんだ」

イーゴリ・ルイセンコ
ワイルド・インビジブル・グリーン　2003

ロシア人アーティスト、イーゴリ・ルイセンコの絵画には秘密が隠されていたり、二重の意味があったりするものが多い。本作品では、黄色い帽子とドレスを着た妊娠している女性（希望の象徴）が背の高い緑の茂みの前に立っている。この絵を上下さかさまにすると、隠されている秘密が明らかになる。作家であり詩人でもあるオスカー・ワイルドの顔が現れるのだ。さらに、作品名にも言葉遊びが見てとれる。タイトルは２つに分けることができ、最初の「ワイルド・インビジブル」はオスカー・ワイルドの肖像画が隠されているという意味で、「インビジブル・グリーン」は緑の絵の具の名前だ。

イーゴリ・ルイセンコ

コロンブス諸島　2012

サンタマリア号が大洋に浮かぶいまだ発見されていない島々に向かっている。この絵を90度、時計と反対に回転させると、探検家クリストファー・コロンブスの肖像画が現れる。16世紀のイタリア人歴史家・伝記作家パオロ・ジョヴィオが所蔵していたコロンブスの肖像画から、ルイセンコはこの作品のインスピレーションを得ている。

カール・ワーナー

レタスの海　2012

食品だけを使って制作されたこの写真は、9〜13歳を対象としたBBCのTV番組「Totally Rubbish（トータリー・ラビッシュ）」用に撮影された。レタスの葉は砕け散る波のように見え、そこからこの作品アイデアが生まれた。カール・ワーナーはさらに岩や帆船を配置し、子どもたちが楽しめるような景色に仕立て上げた。

カール・ワーナー

ベジヘッド　1999

イタリア人画家ジュゼッペ・アルチンボルドから着想を得た作品だ。「人とは違う考え方をしよう」というキャンペーンを推進するために広告代理店から依頼を受けて制作された。この写真にはレタッチその他はまったくなされていない。ワーナーはこれを自画像としてレターヘッドやソーシャル・メディアのプロフィールに使っている。自分の写真を出さなくてすむように。

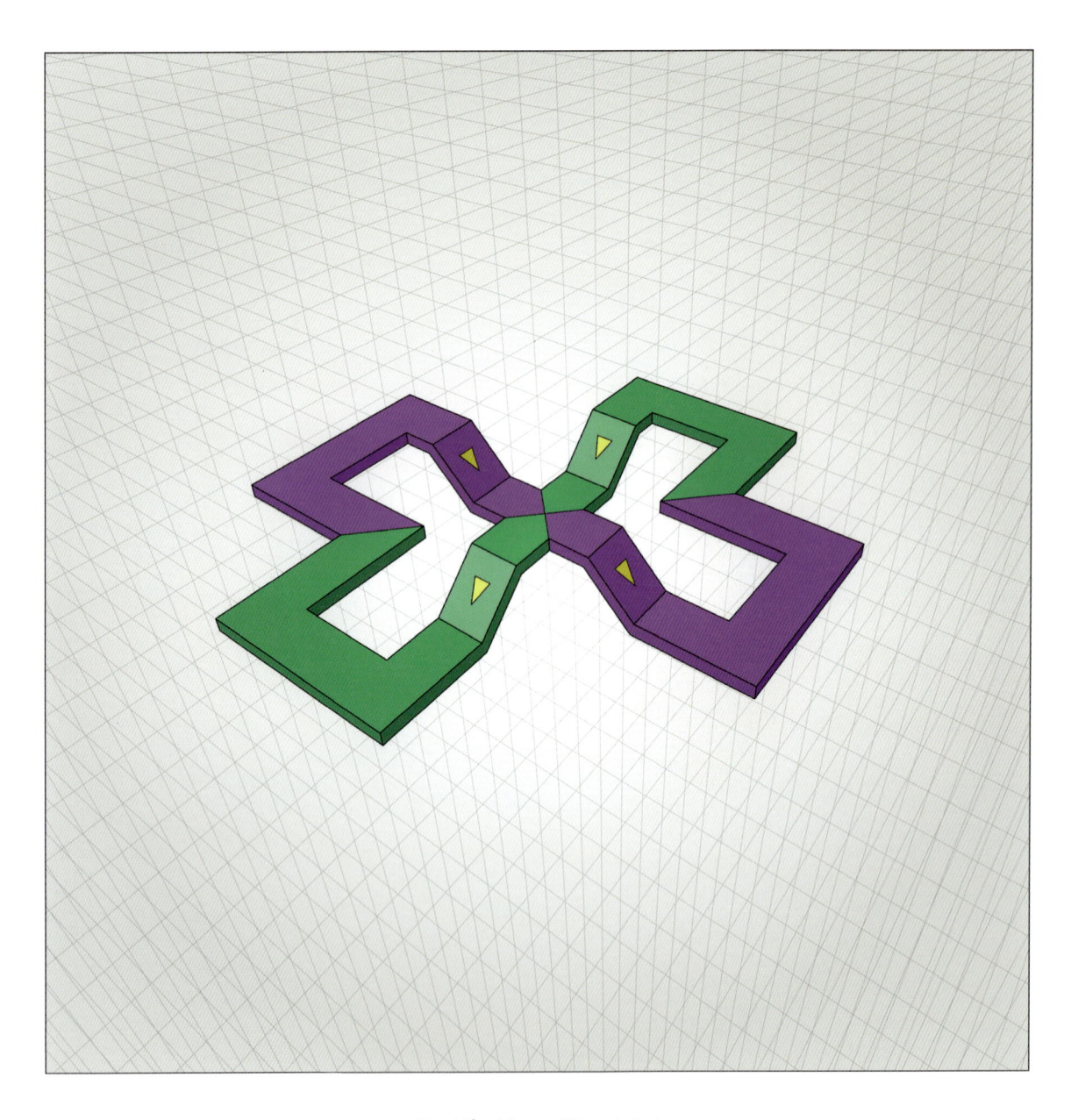

アンドレアス・アロンソン

無限　2013

昼はコンピュータ・プログラマー、夜はアーティストその他になるアンドレアス・アロンソンは、不可能図形も制作している。自分の脳に挑戦し、創造欲を満たすために。この作品では、矢印通りに斜面を下っても永遠に下にはたどり着けない。

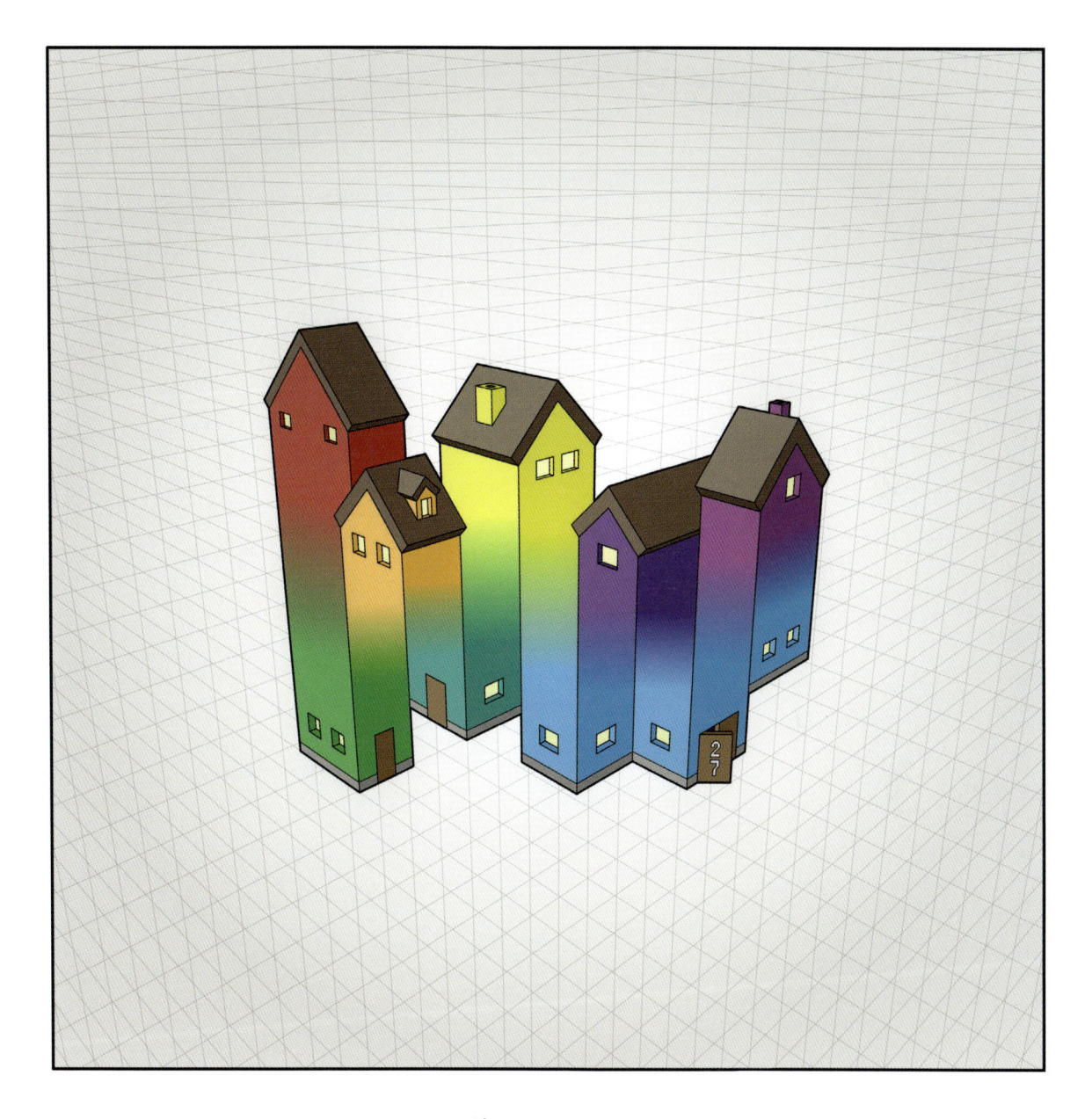

アンドレアス・アロンソン

町 2013

この町では家のどの壁と壁が向き合っているのか？　目のつけどころによって違う答えが返ってくるだろう。この絵の下半分を隠してみると、上半分はまったくふつうだとわかる。逆に上半分を隠すと、下半分はやはりふつうだ。ところが上下同時に見ると、町も建物も建築上問題があるとわかる。

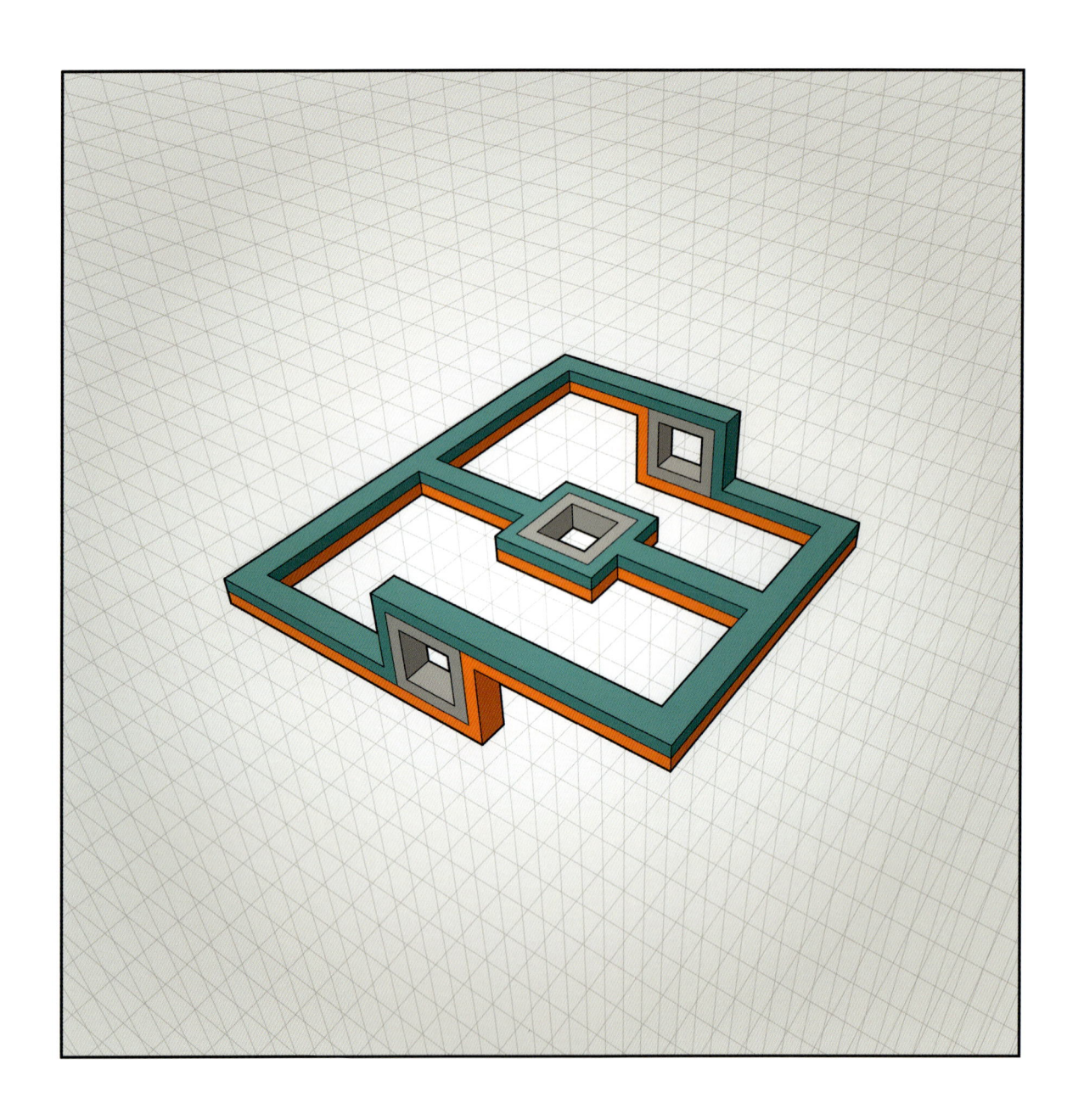

アンドレアス・アロンソン

輪 2012

このややこしい図形を時計回りに進んでいくと、永遠に下へと下りていくことになる。逆に反時計回りに進むと、永遠に上へと登り続けることになる。だが、中央の環を見ると、この図形は水平でないとおかしい。

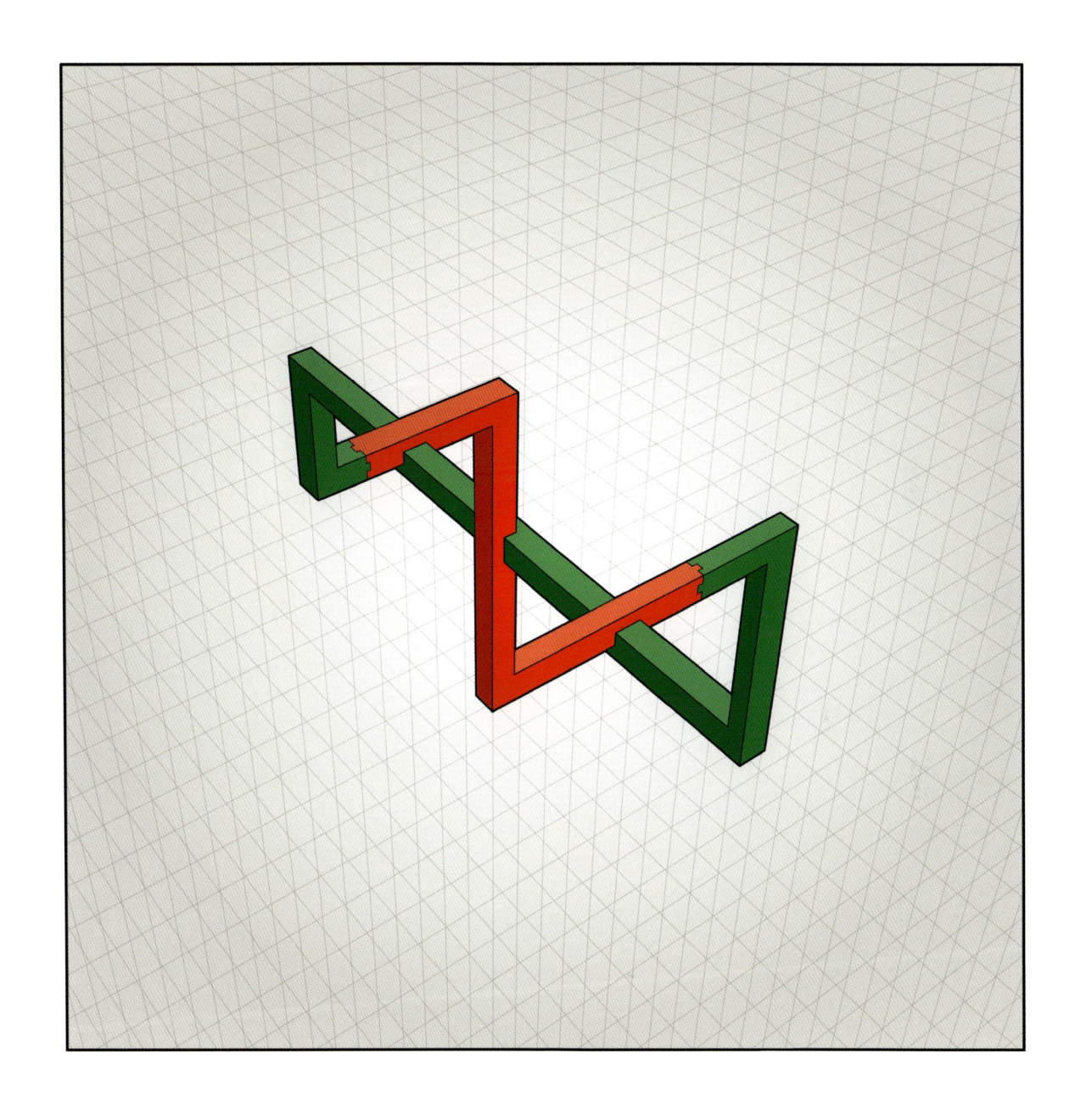

アンドレアス・アロンソン

ジグザグ　2011

このねじれた図形は、基本的には「ペンローズの三角形（不可能な三角形）」が壊れたものだ。一方向にたどっていくと、上り続けるか下り続ける、もしくは前進し続けるか後進し続けることになる。

ピーター・ニューウェル

羊飼い／ヤギ　1894

19世紀末、アメリカ人イラストレーターのピーター・ニューウェルは子ども向けに変わった本を2冊発売した。『トプシーとターピー』、『トプシーとターピー2』だ。いずれも絵と詩の本で、本をさかさまにしても読める。どのページを開いても、さかさまにするとすばらしい変容が見られるのだ。この絵には次の詩がついている。「この羊飼いは羊の群れのそばに腰をおろし、詩を作っていました。でも、書いている間にヤギが帽子を食べてしまいました」

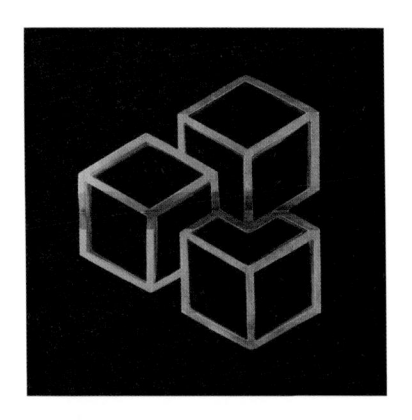

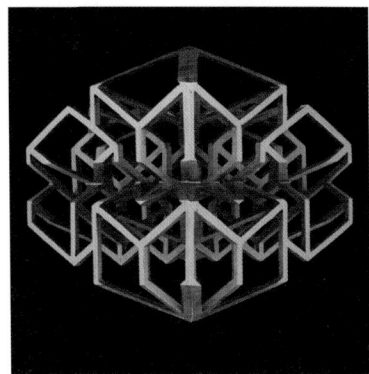

グイド・モレッティ

３つの不可能な立方体　2005

イタリア人彫刻家のグイド・モレッティは、オスカー・ロイテルスバルトにちなんでこの彫刻作品を制作した。３枚の写真は同じ作品を異なる角度から写している。ある特定の角度から見ると３つの不可能な立方体に見えるが、それ以外の角度からでは形が非常に異なって見える。中央の写真は、立方体に見える２つの角度のちょうど中間点から見たものだ。

アレクシス・ファッカ

緑のスクエア　2010

このアナモルフィックな立方体はスクエアというオンラインファッションストアのために作られた。立方体は壁6面を使って描かれている。ペンキのスプレー缶を14本使用。

75

ジュリー・ヘラー

手のなかの鳥　2008

鳥、魚、キリン、手、教会、尖塔をデジタル技術を用いてコラージュし、全体として見ると人の顔に見える。アーティスト兼デザイナーのジュリー・ヘラーは「人の顔に見せようと思うあまり、目に映るものほぼすべてが顔やそのパーツに見えてしまった」と記している。このコラージュは遠くから見ると顔がよりはっきりとわかる。

マイケル・シュバル

アンナ 2010

トルストイの『アンナ・カレーニナ』に捧げた作品。小説のアンナは道ならぬ恋に破れ、列車に身を投げる。本作品にも孤独と「過ちとその結果の幾何学」が反映されている。ピアノのキーに変わる線路は、喜びが一瞬のうちに苦悩と変わり、死につながることを象徴している。ピアノとテーブルがロシアの雪原へと溶けだしているさまも、冷たくわびしい雰囲気を添えている。

ジャンニ・A・サルコーネ

トランペット奏者　2009

このトランペット奏者は必死に楽器を奏でようとしているが、音は出ず、彼の頬は赤くなるばかりだ。トランペットをよく見ると、音が出ないのは無理もないとわかる。彼の口から伸びる管を追ってみるといい。これは不可能な楽器なのだ。

ジャンニ・A・サルコーネ
愛の仮面　2010

ベネチアンマスクのなかに少しぼやけた顔が見える。これをつけている人の顔だ、とほとんどの人は思うだろう。だが、よく見てみると、マスクの輪郭内に2つの顔がある。女性（左）と男性（右）がキスをしているようにも見える。マスクのなかに顔を2つ見つけると、見る者の脳は2つの可能な解釈の間で激しく揺れ動く。本作品は神経相関学会による2011年度錯視コンテストで最終選考作品に選ばれた。

ジャンニ・A・サルコーネ

隠れているジラフ　2006

とても大きなキリンが立っている。もうひとつ別の、これよりずっと小さいキリンがこの絵のどこかに隠れている。ヒント：キリンの首に注目！

ジャンニ・A・サルコーネ
マリリン・サンセット　2009

ただの日没の絵ではない。この絵のどこかに非常に有名な人が隠されている。女優でありモデル、歌手でもあったあのマリリン・モンローだ。太陽が放つ光のなかに彼女の顔が見える。もし見つからなければ、この作品を遠くから見るか、目を細めて見るか、その両方を同時に試してみよう。

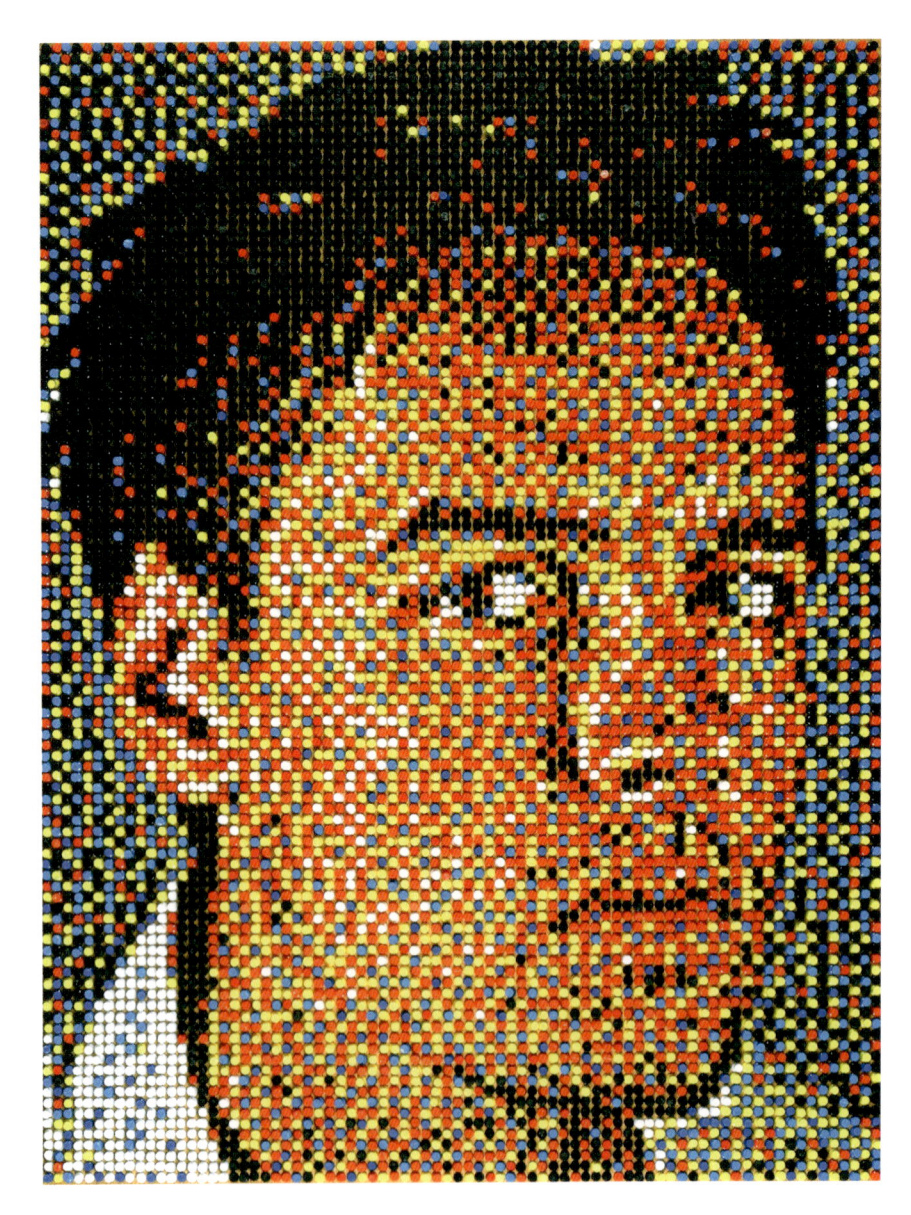

エリック・デイ

自画像II　2009

ミシガン州北部出身のアーティストの肖像画がコルク板に赤、青、黄、黒、白の5色の画鋲8500個で描かれている。この作品についてデイは次のように語っている。「細部を省き、要素を必要最低限まで削っていくと……どうなる？　そうして出来上がった自分の姿から何が見えてくる？　作品のテーマが何か、誰かがわかるぎりぎりのところがぼくのツボなんだ。ぼくが追い求めているのも、ぼく自身の存在意義を見出そうとしているのも、そういうところだ」

クルペオ・フォックス
取りつかれる　2010

1匹のキツネが森のなかにいる。どうも誰かに見張られている気がしてならない。だが、振り返っても見えるのは木々と草だけだ。考えすぎなのか、それともこの森に何かが取りついているのか？　フォックスは言う。「この世は隠された世界からのサインのように見える不思議なものに満ちている。目をしっかり開いたらそれが見えるかもしれない」

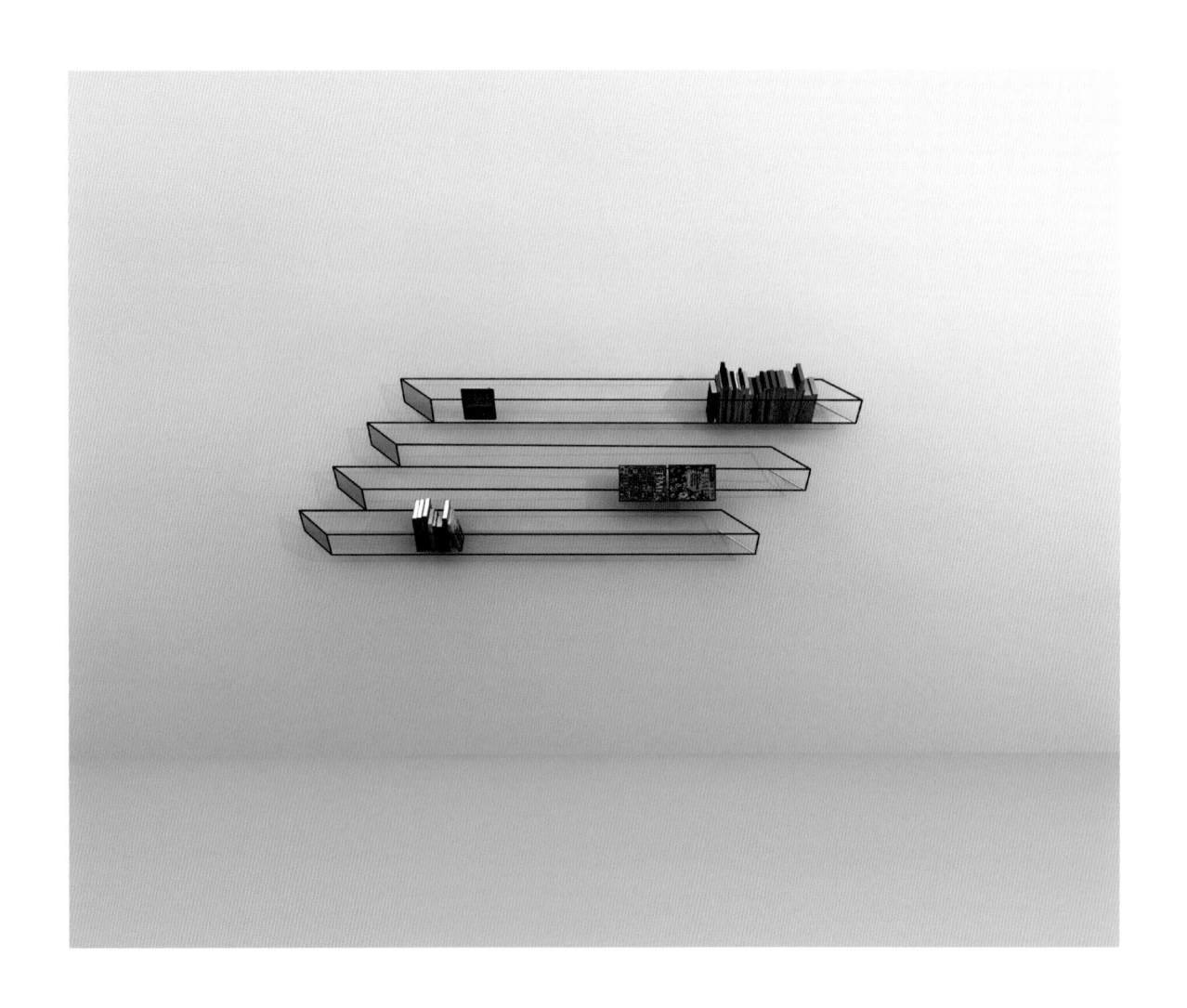

ジョン・ルン

「思考の偏見」本棚　2013

有名な本棚の錯視絵から着想を得て、立体構造に解釈したのがこの作品だ。本やiPadを置いたり、雑誌を掛けたりすることもできる。だが、この棚からモノを取るたびにまごついてしまうだろう。

マイケル・カイ

天地無用―テニス　2008

舞台は2008年の全豪オープンテニス。この作品に使用するために、カイはさまざまなプレーヤーの写真を撮り、最終的にアナ・イバノビッチとサニア・ミルザの試合に決めた。ネットにつけられたスポンサー名は自分の名字に変えている。本作品について、カイはこう語る。「この作品全体として錯視を狙っている。空間の感じ方を操作し、別の見方も可能なデザインとした。画像の配置を操作することにより、相反する見方が可能になる。これは、二次元の画像を見て三次元に解釈できるという我々の見方に基づいた現象だ」

アメリカン・パズルカード

粉屋　1880

こうしたパズルカードは、19世紀後半から20世紀前半にかけて、広告や販売促進用にしばしば使われていた。パズルの答えがわからない人は店に行けば答えがわかる、とカードの裏に書いてある。このカードには粉屋が隠れているのだが、わかるだろうか？　風車の戸口に立っている人物ではない。ヒント：時計と反対回りに90度回してみよう。ラバの腹に大きな鼻をした人の顔がある。

アメリカン・パズルカード

H.M.S. ピナフォー　1880

H.M.S.ピナフォー号がしけに遭い浸水した。沈みつつある船の上で乗組員たちは船長を必死に探している。あなたには船長が見つけられるだろうか？　ヒント：180度回してみよう。さかさまにすると船体が船長の帽子に、太い帆柱に目や鼻や口が現れる

オクタビオ・オカンポ

ユリのエクスタシー

オクタビオ・オカンポはメキシコで最も多作な芸術家のひとりだ。彼は自分の絵のスタイルを「メタモルフィック（変形するもの）」と称している。たしかに彼の絵は各構成要素が合わさって、より大きな別のものを描き出している。本作品では白いユリの花が集まり、女性の顔を形作っている。

オクタビオ・オカンポ

老人と川　1998

オカンポはジミー・カーター元大統領、女優のジェーン・フォンダ、歌手のシェール、人権活動家のセザール・チャベスからメタモルフィックな肖像画を依頼されている。本作品では小川のほとりに女性が横たわり、その横を馬に乗った男性が通っている。だが、全体として見ると老人の姿が浮かび上がる。

オクタビオ・オカンポ
自然の魂

疾走する馬と空を舞う鳥の姿からひとりの若い女性の肖像画が現れる。オカンポは非常に多才だが、1976年からは絵画と彫刻のみに専念している。現在住んでいるテポツォトランはメキシコシティのすぐ北にあり、世界で最も神秘的な場所のひとつとされている。

マイケル・チェシャー

42 個の三角形　2010

この木でできた構造物は球体に見えるが、完全に二次元のものだ。チェシャーはクイーンズランド・メイプル、シルバー・アッシュ、クイーンズランド・ウォルナットと色の異なる3種類の木材を使用し、色の違いによって立体的な作品に見せかけている。

マルコ・シアンファネリ

釈放　2012

1962年、南アフリカのアパルトヘイト時代、ネルソン・マンデラが警官に逮捕された場所に、レーザーカットした50本の鋼鉄の柱が立っている。高さは6.4〜9.4メートル、どれもぎざぎざに切断され、無造作に置かれたように見えるが、35メートル離れたある地点から見ると、柱群はまったく新たな意味を帯びる。西を向くマンデラ氏の横顔が浮かび上がるのだ。この作品を発表するにあたり、マルコ・シアンファネリは次の公式声明文を発表した。「50本の柱はマンデラ氏が逮捕されてから今年が50年目であることを示すものだが、それだけではない。人々の団結の力もここに込められている。投獄という政治的行為によってマンデラ氏は闘争の象徴となり、人々の抵抗、団結、反乱がさらに高まり、その結果として政治的変化と民主主義がもたらされたという皮肉も込められている」

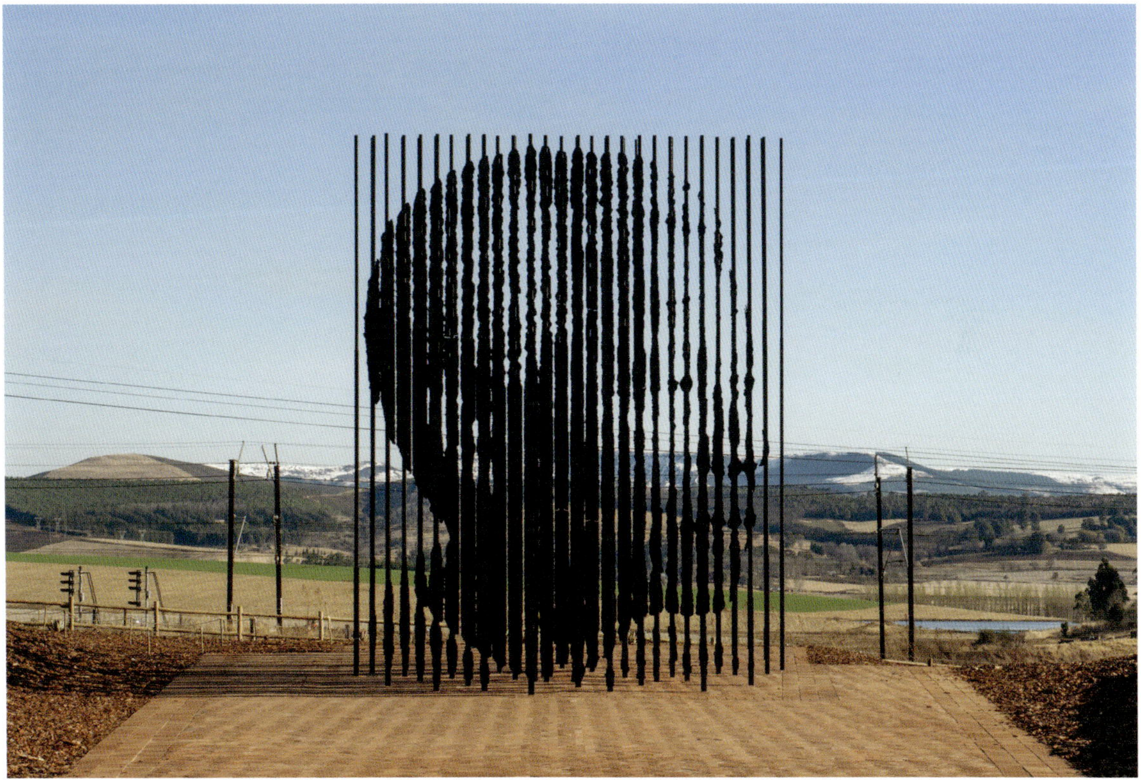

バルテック・フラウカ

不可能な三叉のアナモルフォーシス　2007

不可能な三叉に女性が腰かけている。この写真はフラウカがポズナン（ポーランド）の芸術大学の学生時代にプロジェクトの一部として撮影したもの。他の5作品と共にひとつのシリーズをなしている本作品は、フェリチェ・ヴァリーニとジョルジュ・ルースの作品に刺激を受けている。ここに示したような不可能な三叉が初めて刊行物に登場したのは1965年の『マッド・マガジン』と言われ、雑誌の表紙にマスコットであるアルフレッド・E・ニューマンと並んで描かれていた。

マイケル・サムスキー

MSU 昔と今　2012

1960年代と今の２枚の写真が合わさり、過去と現在が融合している。ベッセイ・ホールはミシガン州イースト・ランシングにあるミシガン州立大学（MSU）のキャンパス内にあり、教室や学習資料センター、障害者のための資料センターなどが入っている。1862年にモリル法が制定され、連邦政府が公有地を州に払い下げ、州立大学など69の公共施設が誕生することになるのだが、1855年に設立されたこの大学はその先駆けとなった。今日ではアメリカ50州および130カ国からの「スパルタンズ*」４万8000人が学んでいる。〔＊この大学のスポーツ・チーム名だが、ここでは学生の意〕

ジョン・クレイグ

隠れているウサギ　1989

エッチング風に描かれた2つの花鉢を見て、違和感を覚える人はほとんどいないだろう。もし何か別のものが隠されているのに気づいたとしても、あなたの目に異常があるわけではない。これは「ルビンの壺（「ルビンの顔」「図地の壺」とも呼ばれる）」のバリエーションで、元はデンマークの心理学者エドガー・ルビンが20世紀初頭に考案したものだ。本作品はメリーランド州の発展キャンペーンのために作られた。

トーマス・バーベイ

ピアノ・ピース

トーマス・バーベイは20年も写真を撮りためてきた。その中からさまざまな写真を組み合わせ、ユニークで超現実的なシーンを作り上げている。錯視画像を作る際、彼は必ず「で、なんなの？」と問いかけてみるそうだ。組み合わせた写真が心に深く届かない場合、より深い意味を持たない場合はあっさり捨て、また一からやり直す。

トーマス・バーベイ

オー、シート!

バーベイはスイスのヴェルビエで指定されたスキーコースを下りながらコースの端に気づき、これを飛び越えたら楽しそうだと思った。そのとき友人にランチに誘われ、冒険をし損ねたのだが、彼は端で立ち止まり、その先を覗いて驚いた。非常に険しい崖で、谷底には木造家屋が建っていたのだ。「あの日は友人のおかげで命拾いをした」とバーベイは回想している。

トーマス・バーベイ

ドライブスルー・キャラリー

この作品は着想を得てから完成するまでに長い年月を要している。2、30年ほど前にロンドンでツタンカーメン展が開催されたとき、バーベイは行列で8時間も待たされたあげく、人に押されて展示品の前を急ぎ足で通り過ぎる羽目になった。そのときの経験がこの作品に生かされている。「……我々はペースの速い世界に生きている。美術館で作品をじっくり眺めるといった特別な時間を楽しむゆとりもなく、身の回りの美しいものに目を止める暇すらない」

ネヴィット・ディルメン
フレイザー螺旋　2012

この作品は螺旋状に見えるが、実際は同心円が幾重にも重なったものだ。どこか1点を選び、円をたどってみればわかる。このタイプの図形はイギリスの心理学者ジェームズ・フレイザー卿にちなみ、フレイザー螺旋として知られている。フレイザー卿は1908年の論文「新たな方向錯視」でこの効果に初めて言及した。

ベラ・ボルソディ

VLP 2011

この写真には注目したくなるものがある。4枚の異なる正方形の写真を合わせたように見えるが、実際はこれで1つの光景なのだ。青い椅子やデスクランプなど、4区画の2つ以上にまたがっているものを見れば納得できるだろう。ニューヨークを拠点とする写真家ベラ・ボルソディは次のように言っている。「アパートの部屋でいろいろなモノを並べ始めたの。あれこれ試しているうちに構図ができてきて、モノがあるべき場所にしっくり収まっていく。部屋はカオス状態なんだけど、ファインダーを覗くとすべてが狙い通りになっているっていうのは楽しかったわ」。この写真はイディリック・ノイズから発売された音楽CD「テレイン」（バンド名VLP）のカバージャケット用に撮影された。

ロジャー・シェパード
階段を下りて職場に向かう

心理学者で認知科学者でもあるロジャー・シェパードは、スタンフォード大で30年近く教えていたが、それ以前にはベル研究所で働き、イェール大で博士号を取得していた。この曖昧な絵にはもうひとつ「時間短縮のすすめ」というタイトルがあり、2つの見方ができる。ひとつは右方向と左方向を指している青い矢印、もうひとつは階段を下りている金色の人（シェパードの言葉を借りると「階段を駆け下りる通勤客」）である。

ロジャー・シェパード
私は誤りを認める
この妙にねじれたアーチは紙面上にしか建設できない三次元構造物だろう。だが、可能とは思えないがまったくの不可能とも言えない、とシェパードは言う。1990年、シェパードは錯視作品などを集めた『Mind Sights（心の目）』という本を著している。

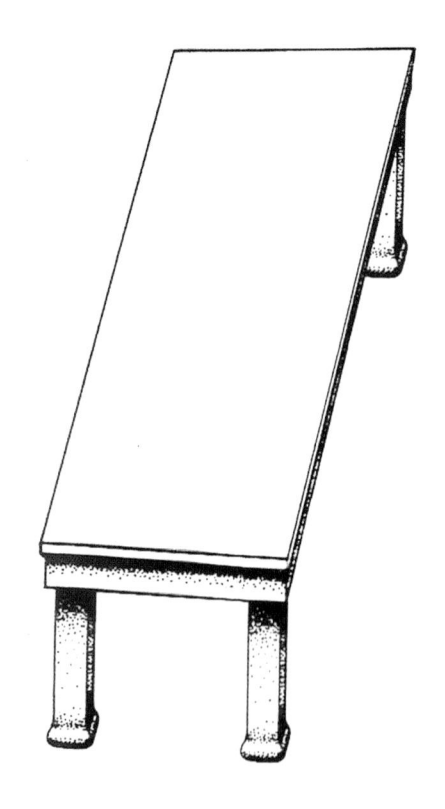

ロジャー・シェパード
テーブルの向きを変える

2つのテーブルはまったく異なるものに見えるが、実際は形も大きさも同じだ。シェパードは講義の際に、しばしば透明フィルムを使ってこの錯視を説明していた。テーブルの天板と同じ形の平行四辺形で、輪郭を赤で縁どってある。これをそれぞれの天板に重ねて同一のものだと示したのだが、それでも信じられない学生が多く、何かトリックが仕組まれていると思いこんでいたという。

ラデク・オソウスキー
生命の樹　2011

夕日を背景に1本の木がぽつんと立っている。だがよく見ると、これはただの木ではない。生命の樹と呼ばれるにはわけがある。そのわけをあなたは見抜けるだろうか？　ヒント：木の根元の左側に小さな命の姿が…

トゥルーリー・デザインのニンジャ1&マッハ505
メドゥーサのアナモルフォーシス　2011

ギリシア神話によると、メドゥーサは髪がヘビの怪物で、その顔を見た者は石になるという。勇者ペルセウスは自分の艶やかな盾に映るメドゥーサを見ながら戦ったため、石に変えられることなく打倒した。イタリアのトリノを拠点とするトゥルーリー・デザイン社のアーティストたちはアナモルフィックなメドゥーサを描いた。このメドゥーサもある特定の視点からのみ、安全にその姿を見ることができる。その視点からはずれると、次ページのようにメドゥーサは崩れて天井、床、壁、柱に飛び散ってしまう。

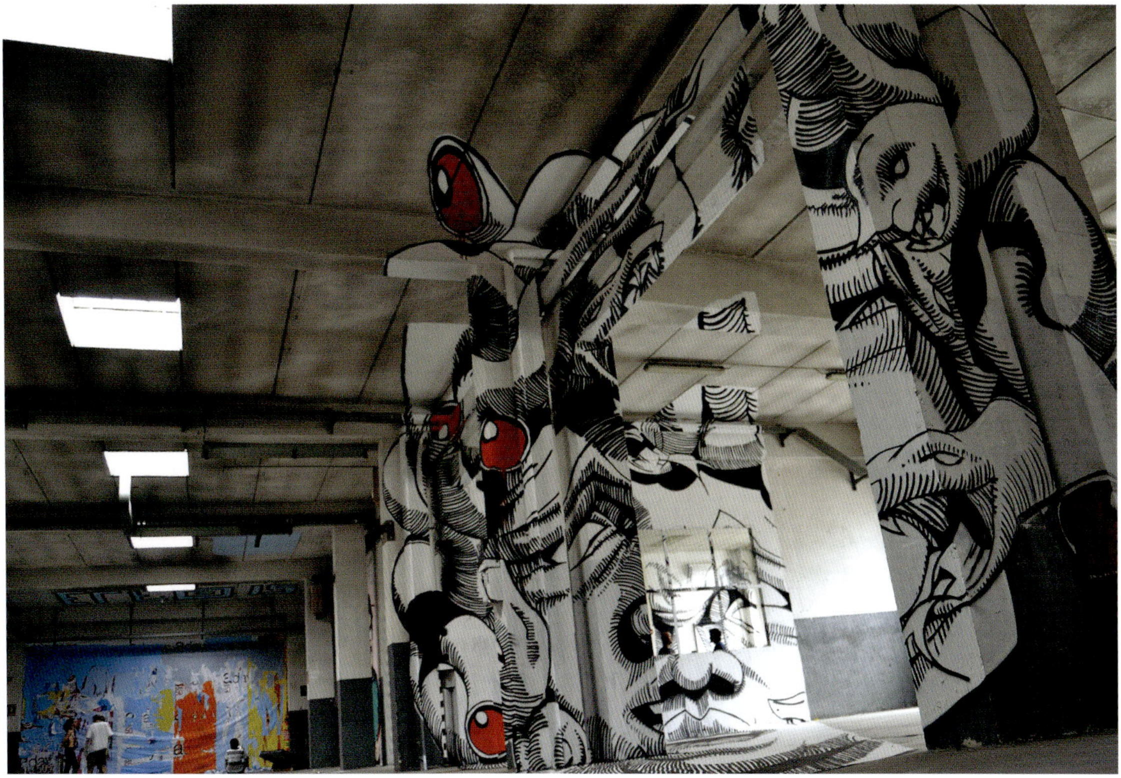

ニキータ・プローホロフ
フクロウのモザイク　2012

モザイクとは同じ図形が隙間なく、重なり合うこともなく、平面上を埋めつくしたものをさす。このタイプのパターンは、対称に魅せられたオランダのアーティスト、M.C.エッシャーがしばしば用いていた。グラフィック・デザイナーのニキータ・プローホロフはフクロウの向きを上下入れ替え、隙間なく、重なり合うこともなく並べて本作品を仕上げている。

ニキータ・プローホロフ
キツネのモザイク　2012
オレンジとグレーのキツネから成るモザイク。プローホロフはこの図案を動物の絵がたくさん載っているロシアの子ども用の本を見ていて思いついた。キツネの側面斜視図のイラストを見たとき、これはモザイクに使えるとひらめいたそうだ。

ニキータ・プローホロフ

パリのアンビグラム　2010

このアンビグラムは鏡面対称になっている。左右の図柄が反対側とまったく同じだ。プローホロフは昔のフランス映画を見ていたとき、背景にエッフェル塔が写っているシーンでこのデザインを思いついた。エッフェル塔の対称性とバランスがすばらしいと感じ、これを文字になんとかして生かしてみたいと思ったのだ。本作品は2013年にニュー・ライダー社から刊行された彼の作品集『Ambigrams Revealed: A Graphic Designer's Guide to Creating Typographic Art Using Optical Illusions, Symmetry, and Visual Perception』（グラフィック・デザイナーのためのアンビグラム手引き書：錯視、対称、視覚を利用したタイポグラフィ芸術を作るために）に掲載されている。

トレーシー・リー・スタム
サン・ルイスを舞うチョウ　2011

トレーシー・リー・スタムは作品紹介にこう記している。「私は都会の舗装道路や広場や歩道にパステルチョークで描いています。二次元の面を三次元に見せかけることに情熱を注ぎ、私の作った想像の世界の一部になってみたいと見物人に思わせるような、インタラクティブな作品を特にめざしています」。この作品では舗装された面に想像上の扉が開き、その先にチョウの舞う部屋が見える。アーチ型の窓の向こうには美しい風景が広がっている。

トレーシー・リー・スタム

ナンダン・センター　コルカタ（インド）　2012

このストリート・ペインティングはスタムが主催したワークショップの場で生まれた即興作品だ。アーティストが2人がかりで6時間で仕上げた。「この場所を選んだのは〝遊べる空間〟だから」とスタムは言う。

トレーシー・リー・スタム

ホット・アスファルト　2011

2011年にフロリダ州レイク・ワースで開催された第17回ストリート・ペインティング・フェスティバル用に描かれたもの。チョークを使い伝統的な技法で描かれた3つの絵が溶け、非常にホットな通りとなった。熱で絵が溶けだし、絵の具が混ざって色の渦になっていく。「モノが壊れ、溶けてなくなり、混ざり、変形して新たに生まれ変わるのは悪いことじゃないわ。長年絵を描いてきてそう悟ったの」

ビセンテ・メアビーリャ
不可能なテーブル　2008

この曖昧なディナーテーブルに食事を並べるのは難しい。テーブルをどう見るかで置き場所が変わってくる。テーブルを見下ろすのであれば、右側のボトルとカップが正しい位置となり、テーブルを下から見上げるのであれば、左側のボトルとカップが正しいとなる。

ビセンテ・メアビーリャ

不可能な家具　2003

近い将来、家具カタログでこういうものにお目にかかることはないだろう。「ペンローズの三角形（不可能な三角形）」を下敷きにしたデザインで、ソファと置物用の棚と収納用の棚が互いに結びついている。

バイアブル・ロンドン

タイタニック・ランプ　2005

バイアブル・ロンドンは創意あふれる多彩なデザインで定評のあるデザイン・スタジオで、家具や照明などのデザインを手がけるほか、コンセプチュアルな作品の展示会や展覧会も行い、国際的な製造会社や個人の依頼も受けている。この独特なランプをあなたの寝室か居間に置いたら、きっと「沈みゆく感覚」を味わえることだろう。

ユスティニアン・ギタ

レオナルド・ダ・ヴィンチ　2012

レオナルド・ダ・ヴィンチの16世紀初頭の作品「赤いチョークで描かれた男性の肖像画」は彼の自画像だと広く一般に思われている。原画はイタリアのトリノ王立図書館が所蔵しているが、古いものであるため一般公開はされていない。この絵を下敷きにした本作品は犬、鳥、魚といった自然の要素を使い、全体として男性の顔になるよう組み合わされている。

マーティン・アイザック

曖昧な立方体　2009

この幾何学図形は見方がはっきり2つに分かれる。角がひとつ削られている大きな立方体、または部屋の片隅に置かれた小さな立方体。どちらの見方もできるが、両方を同時に認識することはできない。

マーティン・アイザック
知覚の実験　2009

この図形には立方体がいくつあるだろう？　中央に1つと見ることもできれば、左右両端に1つずつと見ることもできる。見方が2つあるとわかると、前者から後者へ、後者から前者へと見方がころころと変わったりもする。

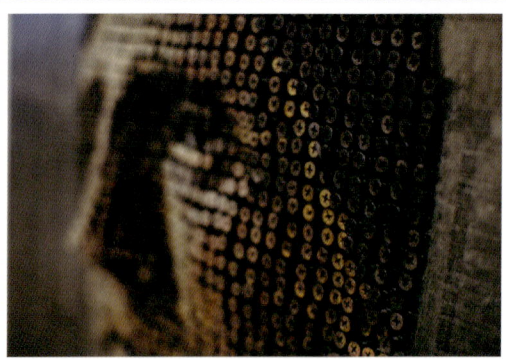

アンドリュー・メイヤーズ
芸術家の冬　2009

電動ドリル、プラスの皿ネジ、油絵具、電話帳のページを使い、メイヤーズは自画像を制作した。その当時彼が味わっていた、言葉では言い表しがたい感情がこの作品に込められている。スタジオの外は暗く寒い冬だった、自分の心のなかも同じだった、と彼は回想している。彼はカリフォルニア州ラグナビーチにあるラグナ・アート＆デザイン・カレッジ（かつては南カリフォルニア美術学校と呼ばれていた）に学び、その後もこの地で暮らしている。

ジェンス・マルムグレン
不可能な螺旋　2011

錯視絵は直線と角でできているものが多いと気づいたジェンス・マルムグレンは、曲線を使った形で錯視絵を作ろうと思い立った。いろいろ試した結果に出来上がったのがこの螺旋形だ。実際にはありえない形だと強調すべく、螺旋の中央にまっすぐな棒を1本通してある。螺旋の縁の色は虹と同じ順番で、マルムグレンは彩色しながら「Richard of York Gave Battle in Vain」（ヨークのリチャードは無駄な戦いをした）とつぶやいていた。各単語の最初の文字が色の順番と同じだからだ。

〔Red（赤）、Orange（オレンジ）、Yellow（黄）、Green（緑）、Blue（青）、Indigo（紺）、Violet（紫）〕

エレーナ・モスカレヴァ

彼女と彼 #1　2010

この見開きの2作品は、ロシアの作家ワレンチン・ククレフの小説用に描かれた。引き裂かれた2人の物語だと絵を見ただけでわかるだろう。彼女が窓辺に立ち、愛する人を想っていると、窓の外にその顔が浮かび上がる。実際には遠く離れた所にいるのに、今も彼は彼女を見つめ、彼女と共にいる。

エレーナ・モスカレヴァ
彼女と彼 #2　2010

彼もまた窓の外を眺め、沖を通る船を描いている。その風景に彼女の顔が浮かび上がる。彼女も彼を見つめている。モスカレヴァの作品には、穏やかな風景をカムフラージュに使い、美しさと錯視の混ざった心地よい絵画が多い。

マウリツィオ・ラッタンツィオ
無題　2011

男性が自転車に乗っている。ぱっと見ると、彼が垂れ下がったロープの上でバランスを取っているように思えるが、よくよく見ると撮影者が格好の場所にいるせいで生まれたイリュージョンだとわかる。この写真は2011年度カール・ツァイス写真コンテストで3位となった。

デビッド・スーター
悲しみの形

このイラストは銃による暴力を論じた大手日刊紙の論説用に制作された。銃反対派の感情を描きつつ、賛成派の感情をも思わせる。デビッド・スーターは「人が何か問題について考えるときの矛盾した感情、内面の葛藤、ためらいを表現するために」この手のダブルイメージをよく使っている。

ファブリツィオ・コルネリ
飛ぶ II　2006

ブリュッセル（ベルギー）のロフトの壁に、薄い真鍮のでっぱりが目立たないように取り付けられている。夜になり、下部のハロゲンランプが点灯すると男性の影が壁に浮かび上がる。2メートル四方の作品だ。コルネリは光と影を巧みに使い、ルネサンス時代からあるアナモルフィック・アートにインスピレーションを得た機能的なアートを創り出している。

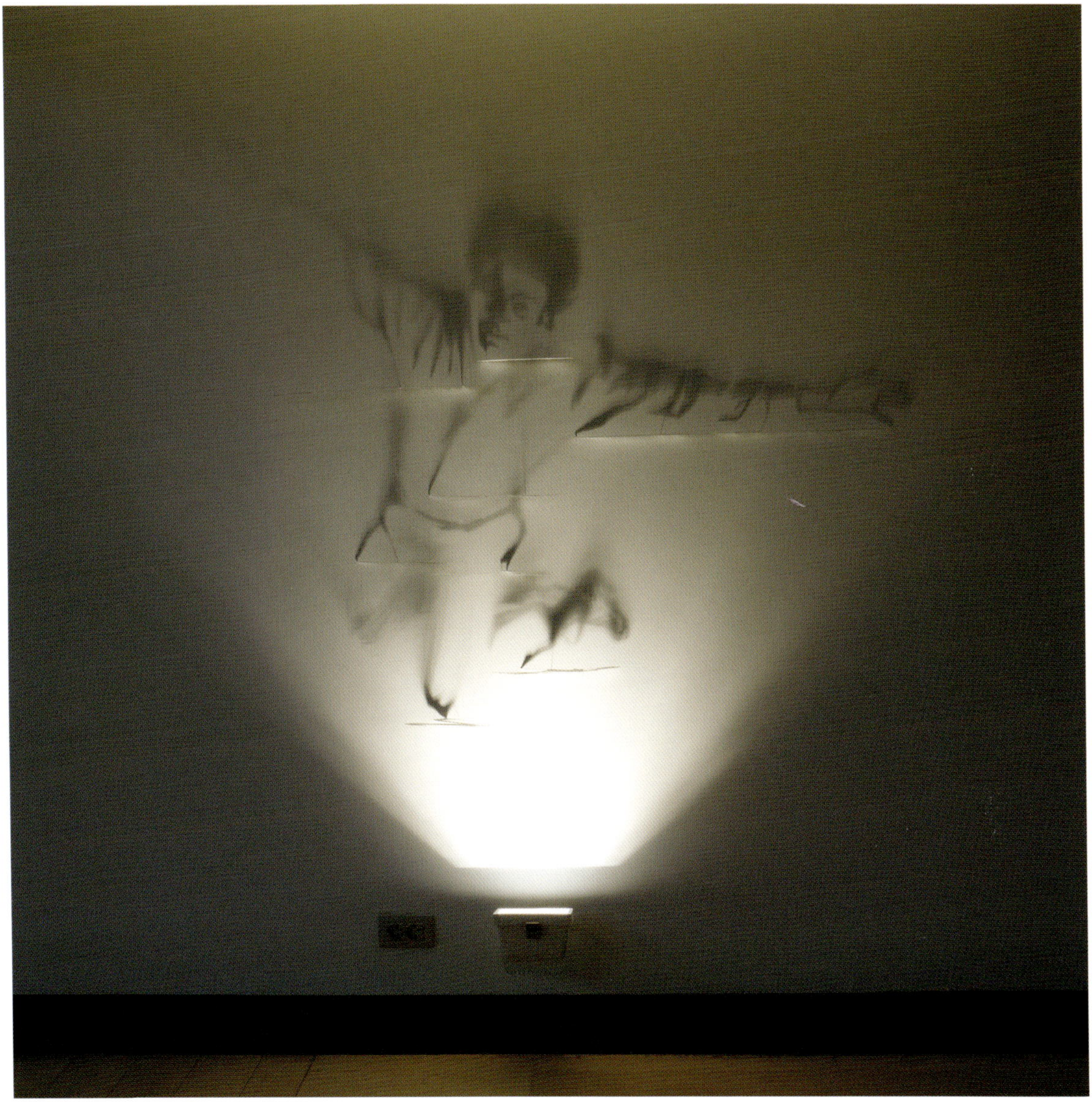

ハイケ・ウェーバー

オペラのためのステージ　1998

ポリスチレン・プラスチックと油性マジックを使い、複合パフォーマンス用の舞台の床を一面のさざ波と渦に塗り替えた。ハイケ・ウェーバーは言う。「ぼくは床を彩る。ぼくの作品の上を歩く見物人は心もとない気持ちに襲われ、自分の存在というか自分という人間を意識せざるをえなくなる。そうさせるための作品なんだ」

モール&トーマス
人で作った自由の鐘　1918

第一次大戦中、シカゴを拠点とする写真家のモールとトーマスは、明らかにそれとわかる愛国的なものの形を兵士で表した一連の「生きている写真」を撮影していた。本作品ではニュージャージー州キャンプ・ディックスの兵士や将校2万5000人を使っている。集合した兵士たちの寄せ集めに思えるが、高い塔から見下ろすと、ペンシルベニア州フィラデルフィアにある自由の鐘に見える。

ウラジーミル・クッシュ
安息の地　2001

「芸術家は子どものように目を見開いて旅をする」とウラジーミル・クッシュは言う。「知識を求めたユリシーズのように空を仰ぎ、海を、そして波の穏やかな港に急ぐヨットを見る。これらすべてを、宇宙の讃美歌のように包み込んでいるのは明るく輝く太陽だ。この作品は宇宙の広大さと永遠性を意識させるものとなっている」

ウラジーミル・クッシュ

バタフライ・アップル　2001

「芸術家はアイデアを作品に生かし、色できらめかせる前に、しばらく潜在意識の神秘的な深みのなかで熟させる必要がある。ぼんやりとしたアイデアが色鮮やかな作品へと変わるさまは、チョウの一生と同じだ。醜い芋虫がさなぎになり、ついには美しいチョウとなる。この作品でさなぎが見えない所に隠されているのは、芸術家は仮の姿を取り除いて進んでいくからだ。力を得たら、そのときは……飛翔する！　サルバドール・ダリが言うように、自分の指先が絵筆と化したように感じ、今まで眠っていた自己表現力がいきなり目覚め、奔流となり、ついにはさなぎの殻を破って色の羽で絵を満たす」

ウラジーミル・クッシュ

天国の果物　2006

この作品について、クッシュは次のように語っている。「雲のような島の庭園が、聖書に出てくる山々の上、金色の空をゆっくりと漂っている。1本のはしごが奇跡のようにかかっている。エデンの園の果物を収穫する季節労働者たちはこのはしごを上手に操る。竹馬に乗っているようなゆったりした歩みで、実のなっている樹冠から樹冠へと向かい、篭を天のオレンジで満たしていく。労働者たちの顔に浮かぶ疲れた表情は甘美なそよ風に吹き飛ばされ、透明な蜜の滴りに洗い清められる」

ウラジーミル・クッシュ

地中海へ下る　1994

「古代ローマ人は地中海を『われらの海(マーレ・ノストラム)』と呼んだ。実際、ローマ帝国の東西南北に住む人々にとって、地中海は『彼らの』海となった。ドイツの偉大な詩人ゲーテは『そこへ！(ダーヒン)』と詩のなかで叫んでいる。そして彼は未解決の大切な問題を祖国ドイツに置き去りにし、急いで南に向かう。この旅が有名な『イタリア紀行』となるのだ。地中海を訪れる旅人はみな、影まで光にあふれている。彼ら、地中海への巡礼者たちはイタリア、ギリシア、聖地パレスチナ、エジプトへと下っていく」

ウラジーミル・クッシュ
大海原のさざ波　2000

「海は無限の象徴だ」とクッシュは作品紹介で述べている。「古代インドの神話では、海は果てしなく続くものであり、大地その他すべて、すなわち宇宙は海から生じたとされている。カオス的ふるまいは海特有のもので、その動きによってすべてが始まったという。こう考えると、波の立つ海は我々の潜在意識であり、創造力の源である。我々の内なる目は海上を自由にさまよっては、ぎりぎりのところで限りある世界へと戻ってくる。美しいと感じる心は、きちんと調和のとれた出発点とカオスの猛々しい力、つまり海の動的システムとの組み合わせから生まれてくる。水平線に近い辺りは色が深く、彼方にヨットが見え、さざ波を光が滑りながら渡っている。すべてがこの絵のテーマである無限と、人の存在からの分離を際立たせている」

ウラジーミル・クッシュ

黒い馬　1998

「この黒馬は錯視だが、水に映る馬ほどの錯視効果はない。小屋の素材の一部が失われているが、どこかそこらへんに残っているのだろう、その魂も残っているにちがいない、と我々は想像する。現代の世界では電子メディアが作ったバーチャル・リアリティが宙を漂い、現実のものに影響を及ぼし、日常生活よりもリアルに見せかけている」

ロビン・ハンナム

縞模様の二重立方体　2012

ロビン・ハンナムはイギリスのレイベンスボーン・カレッジ・オブ・デザイン・アンド・コミュニケーションでグラフィックデザインを学んだ。この作品は、角がひとつ欠けた縞模様の立方体数個から成るデザインだが、立方体の見方はひとつではない。手前の角が切り取られたように欠けている大きな立方体と見ることもできるし、部屋の隅に置かれている小さな立方体と見ることもできる。

ロビン・ハンナム

先端を切り取った二重ピラミッド　2012

ハンナムはかつてロンドンの広告代理店でアート・ディレクターとして働いていた。影響を受けたアーティストとしてブリジット・ライリー、ヴィクトル・ヴァザルリ、M.C.エッシャーを挙げている。本作品では、先端を切り取ったピラミッドがいくつか並び、それが不思議な三次元のタワーに見える。それらが作り出す深みによって、画像は命を吹き込まれる。

ロビン・ハンナム
黄色とグレーの長方形の箱　2012

「すばらしいアイデアとは簡潔であること、不要なものや単に装飾的なものをそぎ落とすことだ。錯視作品は簡潔さが視覚に訴えかける力強さを示すドラマチックな例だ。その観点から生まれた芸術作品のうち最も記憶に残るものには、色やトーン、線や形のバラエティーすらそぎ落とされた作品もある」とハンナムは言う。この曖昧な縞模様の長方形パターンはいくつかの見方が可能だ。長方形の面は右上へと上がっているのだろうか、それとも左下へと下がっているのだろうか？

パム・マリンズ

超音速のワシ　2009

野生生物の写真家パム・マリンズがジェット噴射で飛んでいるようなワシの写真を撮ったのは偶然だった。「ちょうどワシが空を舞っていたんで、いい写真を撮ろうと思いカメラを構えたんだ。ふつうの写真を撮ったつもりでいたが、出来上がった写真を見て、なんて変てこな写真だろうと思った。飛行機雲のせいで台無しだ、とね。この写真は意図して撮ろうと思ってもうまくいかなかったかもしれない」

ラモン・ブルーイン
カラスの羽根　2012

フリーランスのアーティスト、ラモン・ブルーインはオランダのレリスタットにあるエアブラシ・アカデミーの卒業生だ。エアブラシを使った絵画が中心だが、もっと伝統的なツールで絵を描いてもいる。この立体的なスケッチの特徴は、カラスが紙の上を飛んでいるように見えることだ。それを強調するために影が加えられている。さらに羽根まで描かれ、ブルーインがつまんでいるように見える。これにより、インタラクティブで命が通っている作品となった。

ラモン・ブルーイン

ヘビ　2012

ブルーインは立体的なアート作品を作る方法を模索し続けている。自分の絵を見た人が驚き、もう一度絵を見直したときがうれしいと言う。動物の絵を描くチャンスを彼に与えたのは1匹のヘビだった。彼が尾をつまんでいる間に、ヘビは文字通り紙を「くぐり抜け」る。ヘビが彼の親指と人差し指を狙っているようにも見えるが、ブルーインはあまり心配していないようだ。

キャサリン・パーマー

タワーブロック2　2011

「あるブロックに入った人は、何階か上に行ってみると別のブロックに来ていると気づいて驚くという仕組みよ」。この錯視の基礎はグレースケール画像〔モノクロの濃淡だけで表現〕で、一連の棚を斜めから示すときに用いるのが一般的なのだが、キャサリン・パーマーはこの使い方にあまり納得できず、コンセプトを転換し、シンプルな共同住宅のブロックに仕立て上げた。彼女は数学を使い、必要な〝ねじれ〟を計算した。

シャーリーン・ランセル

プラネット・ミステリー　2011

ベルギー人アーティスト、シャーリーン・ランセルが作ったこのデジタル錯視アートは立体的な球に見える。ランセルはまず写真を撮り、フォトショップでその画像を変形しながらデザインを作っていく。「錯視は魅力的で、とてもそそられるわ。特に好きなのが球形で、惑星をイメージしたくなるの。自分が宇宙とつながっているっていう感覚が得られるのよ」

ラミロ・チャベス・トヴァル
ゴースト　2012

グレーの円が並ぶこの作品の中心を見つめているとおもしろいことが生じる。実際には存在していない黒の放射状直線が中心から外縁へと何本も出現するのだ。描かれていないにもかかわらず、あなたの視覚はこうした直線を認識する。色が現れる、外側が回転しているように見えると言う声も寄せられている。

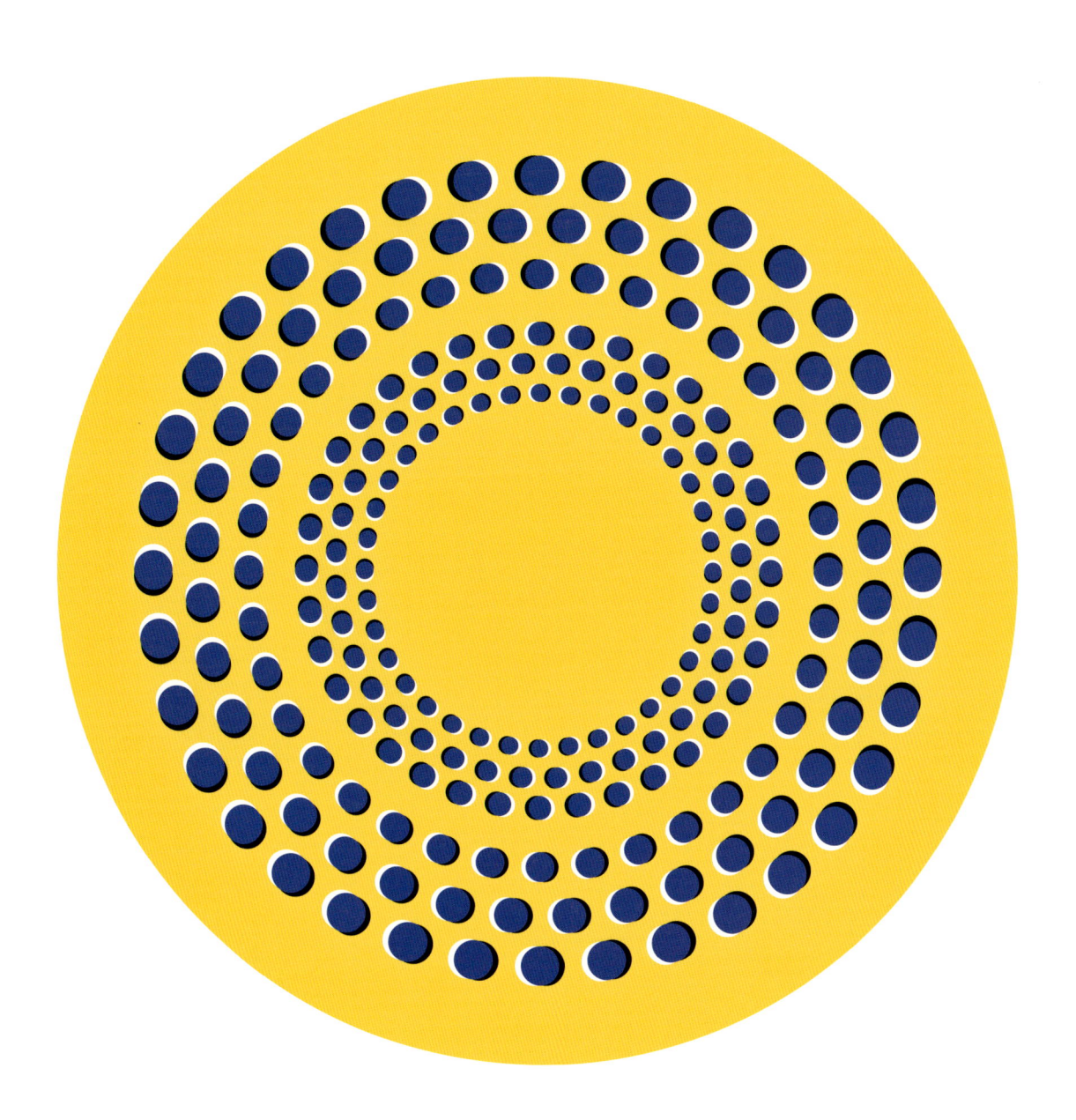

ラミロ・チャベス・トヴァル
回転するドロップ　2012

外側の青い丸は時計回りに回転しているように見える。同時に、内側の青い丸は逆方向に回転しているように見える。ラミロ・チャベス・トヴァルは、人の感覚受容器がいかにモノの色や形に影響を受けるかを、作品を通じて明らかにしようと試みている。それは文化の壁を越えた人類共通の機能だ、と彼は強調したいのだ。

ベヴ・ドゥーリトル

飛び立つ魂　1995

「私は荒野が好きで、この作品にはその気持ちが反映されています」とベヴ・ドゥーリトルは言う。「たとえほんのささやかな、30センチ四方ほどの荒野でも、私にとっては限りない美しさが感じられるのです。荒野にはインディアンの魂も宿っています。自然と調和して生きている人類の普遍的象徴として、インディアンを使ってみました。かつてシアトル酋長が言ったように、『我々は地球の一部であり、地球も我々の一部』なのです。簡潔ながら深いその思想をみなさんにお伝えするのに、この絵が役に立てばと願っています」

ベヴ・ドゥーリトル
引き返す　1987

小さな谷の残雪に大熊の足跡がはっきり残っている。熊がここを通ったのはどのくらい前だろう？　今はどこにいるのだろう？　よく見てみると、足跡の回りの雪はまだ解け始めていない。露出した地面に枯葉のひとつも落ちていない。足跡はできたばかりだ。熊はどれほど進んだのだろう？　そんなに遠くには行っていないはずだ、いや、すぐそこに……。

ウンベルト・マチャード
若い女性と老人　2007

この曖昧な絵は2つの解釈ができる。あなたが見ているのは顔をそむけている若い女性、それとも口髭を生やし、目を閉じた禿げの男性だろうか？　どちらも見える？　W.E.ヒルの有名な絵「妻と義母」に影響を受け、ウンベルト・マチャードは頭を使い、ひとりの人物にもうひとりを合体させた曖昧な錯視を作り上げた。

クリス・デロレンツォ
彼女と彼　2009

元々ポスターのデザインの習作だった。この曖昧画像は2つの見方ができる。まず、リンゴの芯に気づく人もいれば、向かい合った男女の横顔に気づく人もいるだろう。これは反転図形だが、一度に把握できるのはどちらか一方の図形だけだ。

ディック・ターメス

アイ・アム・ア・マウス（Eye Am a Mouth）　1972

5つの顔がそれぞれのパーツを共有しながらつながっている。ある顔の口は別の顔の目となり、その逆もまた真なのだ。下から上へと見ていくうちに、顔の表情も変わっていく。いちばん下の顔は悲しげに見えるが、上がるにつれ嬉しそうな表情になっていく。

ディック・ターメス

きみの友人は誰？ 2003

立っているのは4人だ、と最初は思うだろう。そのうち2人が互いに腕を回しているところを見ると、どうやら友人同士らしい。だが、視線を少し下げると足が5対ある。しかもややこしいことに、足から視線を上げていくと上半身とつながらない。作品全体で見ようとすると、解釈できずに頭が混乱するような光景だ。

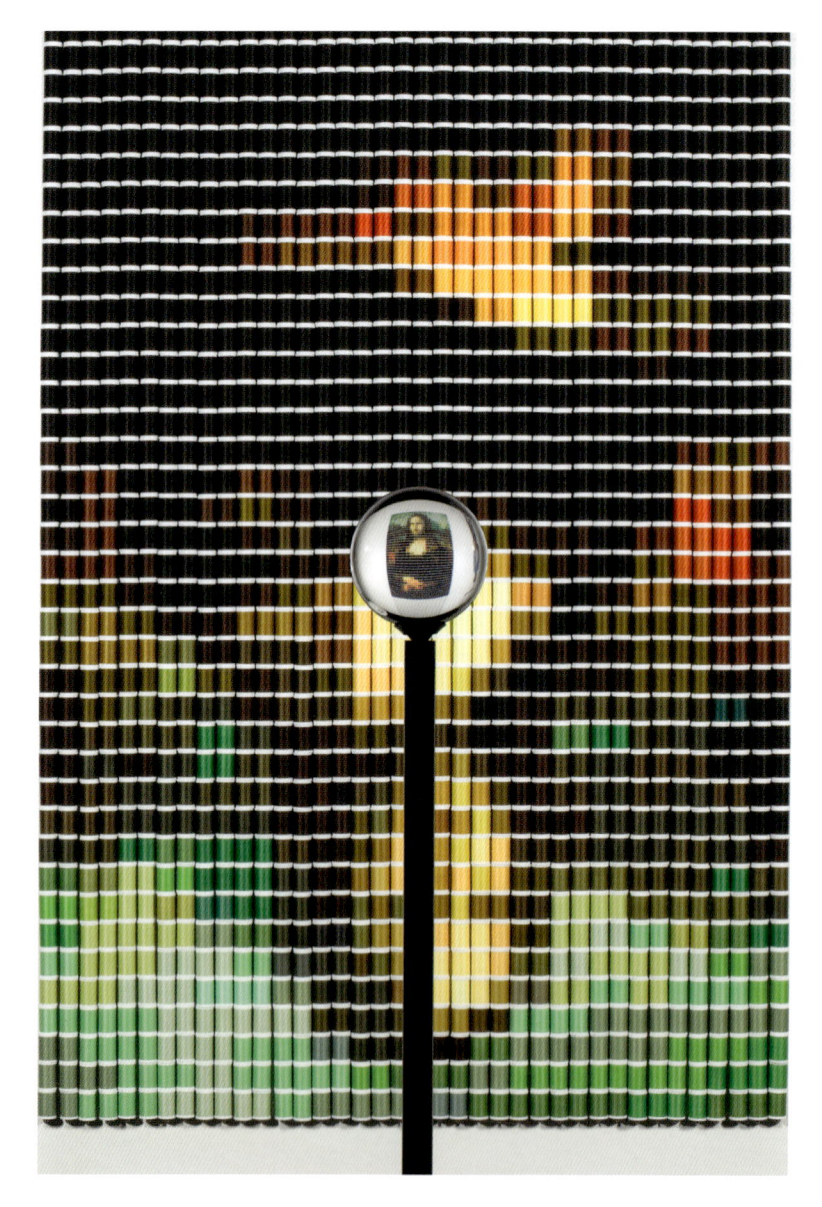

デボラ・シュペルバー

モナリザの後 8　2010

この作品は1482個のミシン糸で作られているため、画像の解像度は非常に低い。それでもガラス玉レンズを通して見ると、ミシン糸は凝縮して見覚えのある画像となる。すでに経験している視覚心象に対しては、脳はほんのわずかな情報だけで理解できることをこの作品は伝えてくれる。デボラ・シュペルバーは作品紹介にこう記している。「見るという行為──目に見える世界を脳がいかにして理解するか。視覚芸術家として、これほど刺激的かつ基本的なテーマは他に思いつけない」

ビレッジ 9991

フォントで描いたリザ　2009

文字列ベースのモザイクでダ・ヴィンチの有名な絵画が作られた。これはアスキーアートに触発された一連の作品のうちのひとつだ。このアート形式は1970年代後半から1980年代前半にかけてネットの掲示板で人気があった。ほとんどのコンピュータやプリンタは複雑なグラフィックを表示、印刷できなかったため、キーボードを使って打ち込める文字を創造的に活用、合成して画像を作るという方法が誕生したのだ。

プーニャ・ミシュラ
善―悪（Good - Evil） 2002

正反対の意味を持つ2つの言葉が同じ空間に収まっている。このアンビグラムを作ったのはミシガン州立大のプーニャ・ミシュラ教授だ。彼はこの作品が誕生したいきさつを語っている。「これは〝完全な〟形で思いついた数少ないアンビグラムのひとつだ。心の目の前を閃光のようによぎった。鉛筆を握るまでもなかった。そのとき私は運転中だった。学校の前で子どもを下ろし、その後信号待ちをしていたとき、このデザインがいきなりやって来たんだ。私はオフィスに急ぎ、階段を駆け上がり、コンピュータを引っ張り出し、頭のなかで鮮明に見えているものを急いで画面に描いた」

プーニャ・ミシュラ
事実／フィクション（Fact / Fiction） 1999

これを一目見て、あなたが気づくのは事実、フィクション、それともまったく別の単語だろうか？　最初の2つは見分けがつかないことがよくありそうだ。ミシュラはこのデザインについて、次のように問いかけている。「問題は……これは事実とフィクションなのか、それとも実際にfactionと読むことで両者に関するメタ発言をしているということか？」

ジュリアン・アッティオグベ
溶けゆく建物　2007

この建物が歪んでいるように見えるなら、あなたは自分の目にだまされていない。この作品は歪んで見えるように実際に作られたのだ。パリのジョルジュ・サンク通りにある建物の前面にトロンプ・ルイユ（だまし絵）の写真を貼りつけ、溶けているようなイリュージョンを作っている。そのために、まず本物の建物を撮影し、コンピュータ・プログラムの力を借りて画像を歪めていった。こうして手を加えた写真が大きなキャンバスに印刷され、建物の前面に貼りつけられた。

ダニエル・ピコン

動き 25　2012

フランス人のダニエル・ピコンはアーティストであり、60冊以上もの本を書いている。彼の著作のテーマは錯視、折り紙、タングラムなど多岐にわたっている。この作品の中央の球形は背景の上に浮かんでいるように見える。これは、球は鮮明に、背景はぼかすというコントラストによって生じる効果だ。

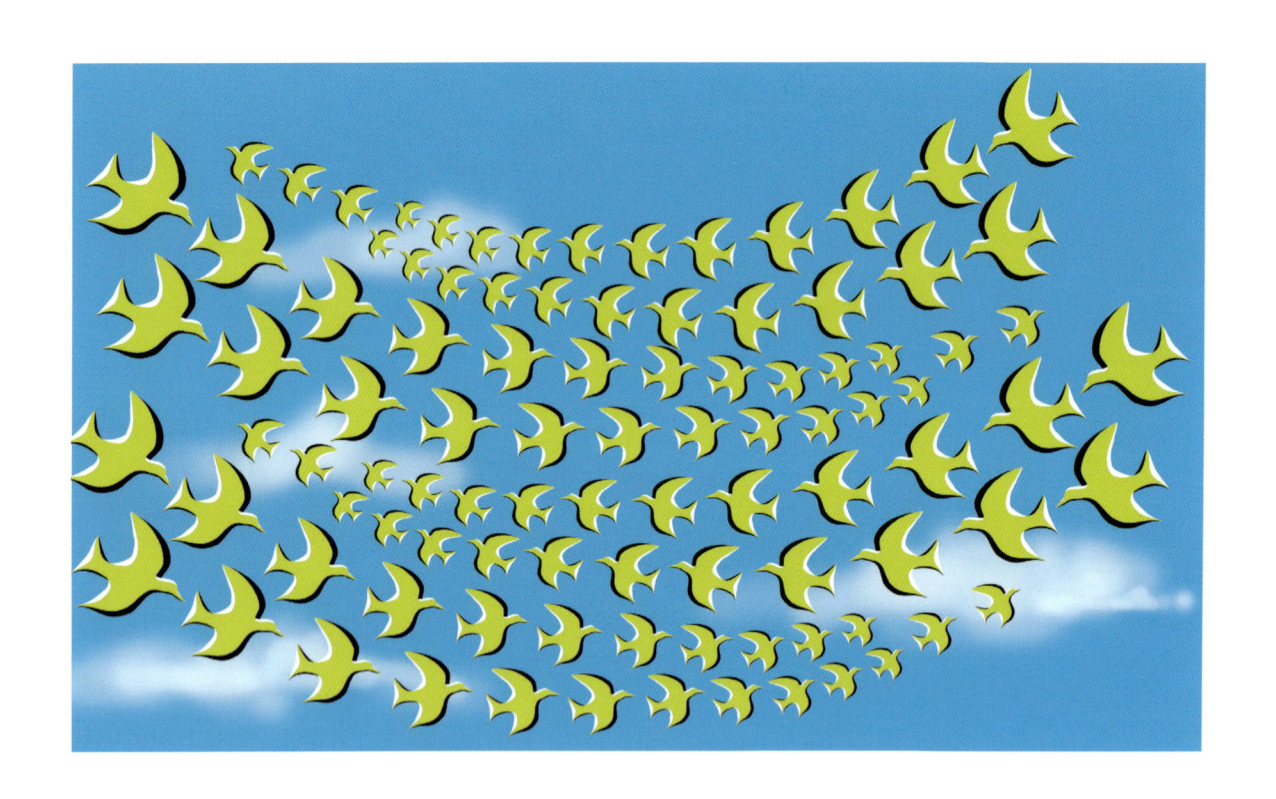

ダニエル・ピコン

空の鳥　2013

どの鳥も輪郭に黒と白が使われ、これによって目がある方向へと導かれる。黒と白の部分が逆になると、鳥は反対方向に飛んでいるように見えるだろう。

ダニエル・ピコン
グランド Z1　2011

ナットのついた 1 本の鉄棒が 3 つの木のブロックを通っている。ブロックは水平に組み合わされているようだが、鉄棒はどのブロックも垂直に貫いており、妙な構造だと思わせる。この不可能構造は実際に木切れを使って作られた。鉄棒がありえない形で通っているよう見せかけるため、木切れに穴を開けてある。

ダニエル・ピコン
3本のはしご　2010

3本のはしごが白壁に立てかけてある。左のはしごがいちばん短く、右のはしごがいちばん長く見える。だが、実際にそれぞれの長さを測ってみれば、どれも同じ長さだとわかる。長さが異なるように見えるのは、写真を撮ったアングルのせいだ。遠近法を利用したこのタイプのトリックは、モノが実際よりも大きく、または小さく見えるため、映画でよく使われている。

ダニエル・ピコン

空中浮遊　2011

ぱっと見ると、この男の子は道のまんなかで浮かんでいるように感じられる。この子はマジシャンか？　超能力の持ち主か？いや、彼はしっかり地面に足をつけている。ピコンは男の子の足の下に影を慎重に描き足し、見る者の目をあざむく写真を作った。足の下の翳った部分は男の子の影だと我々の脳は判断し、だから宙に浮かんでいるにちがいないと結論づけるのだ。

高橋康介
にじんだハートのイリュージョン　2010
青を背景に赤いハートが2つ示されている。ひとつは「にじみ」、もうひとつははっきりしている。視線を左右に動かし両者を見比べているうちに、にじんだハートが不安定に揺らいでいるように見えてくる。はっきりしたハートは揺らがない。この錯視は東京大学の高橋康介、新美亮輔、渡邊克巳が2010年に発表したもので、神経相関学会による2010年度錯視コンテストで最終選考作品に選ばれた。

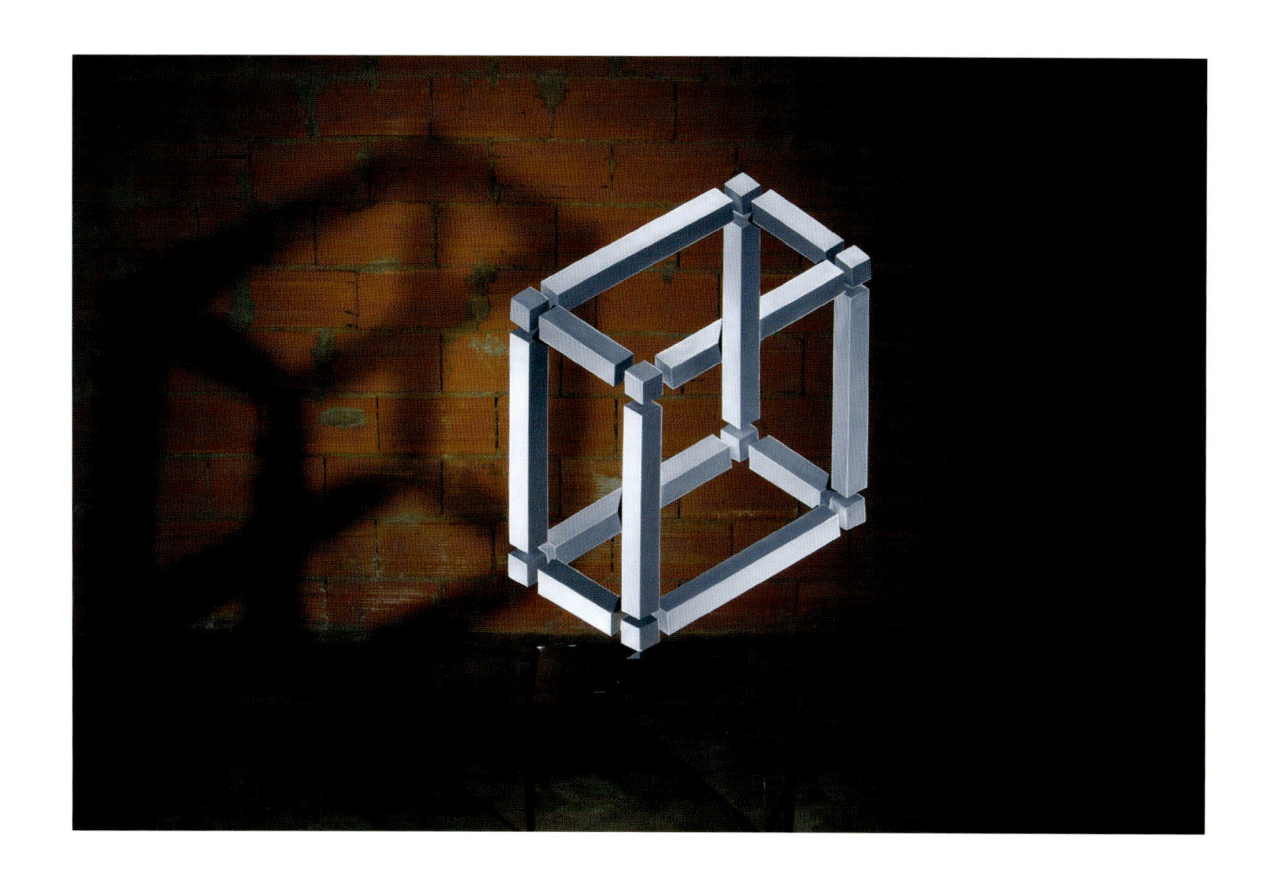

フランシス・タバリー

不可能な木箱　2007

オスカー・ロイテルスバルトの不可能作品に触発され、フランシス・タバリーは、三次元世界に存在しづらいと思われる立体作品をいくつも制作している。本作品は構造上に難があるようだ。いちばん上の角から下に垂直に伸びる棒は立方体の上面と底面をつないでいるが、なぜか側面上部をつなぐ横棒の前を通っている。背後の煉瓦の壁に映る影も、この立体作品が現実離れしたものという印象を強めている。

グイド・ダニエル

パイソン　2011

ハンディマル〔ハンド（手）とアニマル（動物）の合成語〕という一連の作品で、イタリア人アーティストのグイド・ダニエルは人の手をキャンバスにして本物そっくりな野生動物を描いている。どの作品も完成に2時間から10時間かかる。このプロジェクトに手を貸すモデルは非常に忍耐強い人にちがいない。

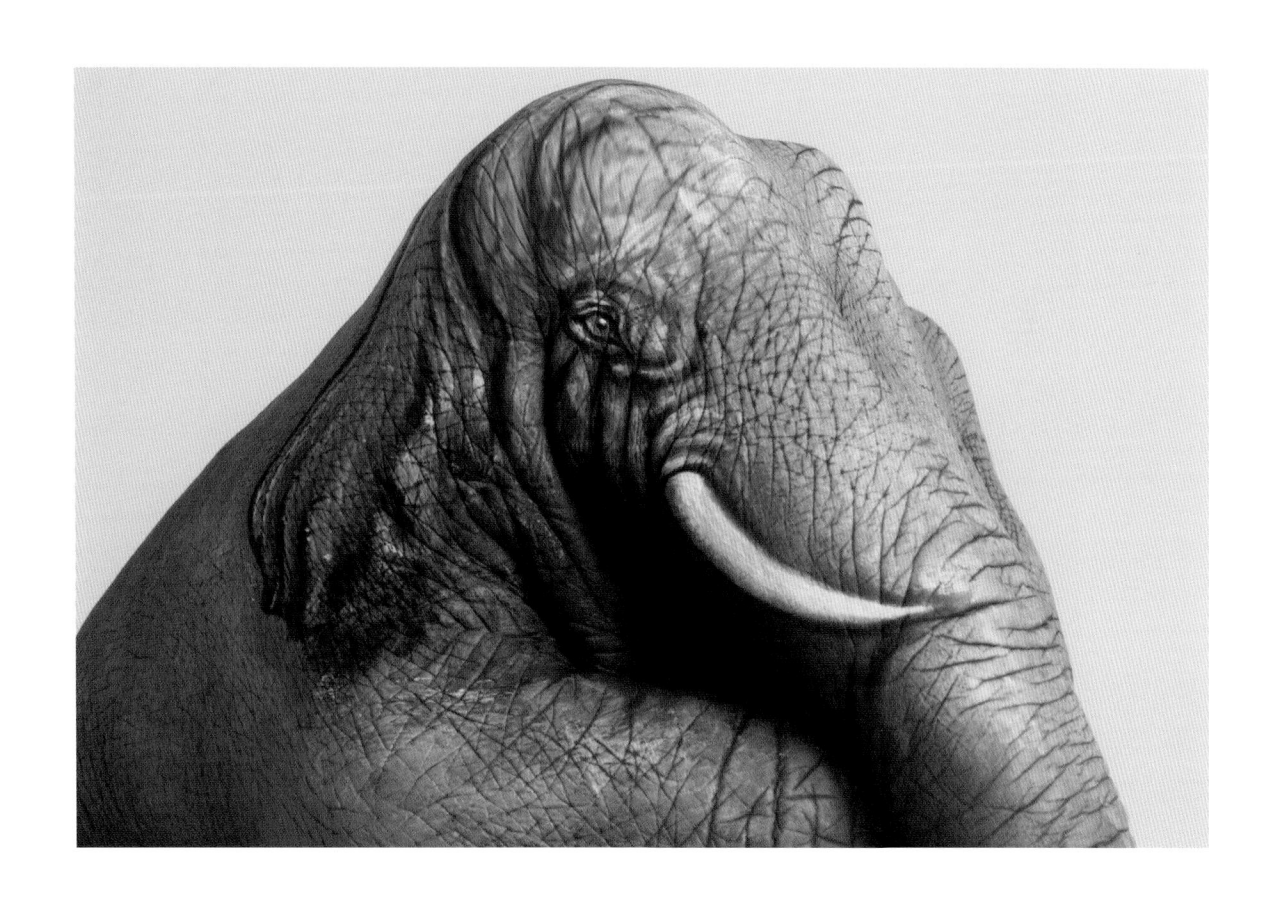

グイド・ダニエル

白地にゾウ　2007

ダニエルのハンディマル作品の多くは広告や宣伝キャンペーンに使われている。このゾウは、アジアゾウ保護を呼びかける慈善活動のために作られた。

ローレン・ウェルズ

スティレット　2010

フロリダ州サラソタにあるリングリング・カレッジ・オブ・アート・アンド・デザインの学生ローレン・ウェルズが卒業制作の一部として作ったもの。テーマは仮想のファッション雑誌で見る靴の歴史で、主にタイポグラフィを用いてさまざまな形の靴をデザインするというコンセプトだ。「オリジナルなタイポグラフィを作るのが好きなのよ、イラストレーターだからね。この作品は写実的で、線も形もシンプルですっきりしたものにしたかった」

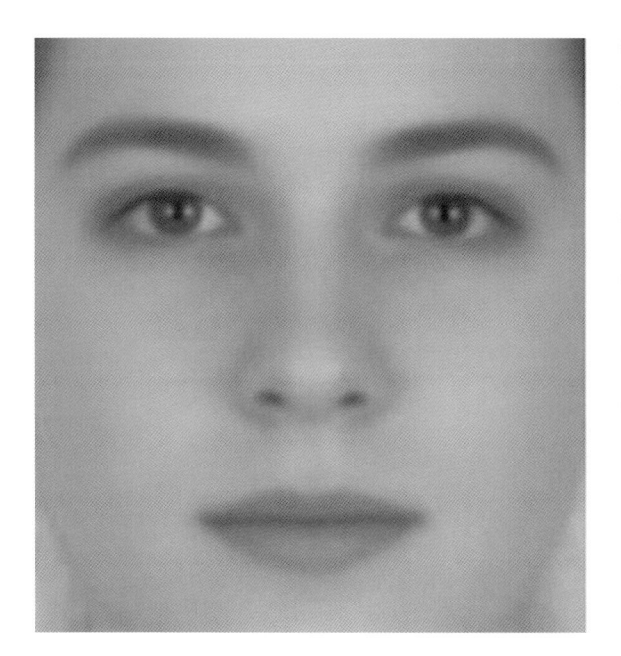

リチャード・ラッセル

性のイリュージョン　2009

2つの顔は女性と男性に見える。だが、実際は同じ中性的な顔で、異なるのは明暗の度合いだけだ。この作品は、男女の顔を見分けるのに明暗の差が重要な手がかりであることを示している。明暗の差が大きくなると女性に見え、逆の場合は男性に見える。本作品は神経相関学会による2009年度錯視コンテストで最終選考作品に選ばれた。

チョウ・ホン・ラム

光泥棒　2010

Tシャツを下着代わりにする人もいれば、自己表現の手段として着る人もいる。マレーシアのTシャツデザイナー、チョウ・ホン・ラム（別名フライング・マウス）にとって、Tシャツとはストーリーを語れるキャンバスだ。ホン・ラムがデザインするTシャツは非常に人気があり、今までに10万枚近く売れている。彼は名誉ある数々の賞を受賞している。

チョウ・ホン・ラム

乳しぼり　2010

　Tシャツデザイナーにとって、スレッドレス（Tシャツ販売会社）から依頼を受けるのはすごいことなのだ。アーティストはスレッドレスにデザインを投稿する。サイトに公開されたデザインは7日間の人気投票が行われ、コメントを寄せられる。最も人気の高いデザインは商品となってスレッドレスから販売される。ホン・ラムのデザインは今までに30回もスレッドレスに採用されている——ほとんどのグラフィック・デザイナーにとって、これは夢としか言いようがない。

　こうしてホン・ラムはこの業界における「現代のレジェンド」と言われるようになった。

チョウ・ホン・ラム
交差する影　2010

「協力はふさわしい相手が見つかれば完璧となりうる」。このデザインについて、ホン・ラムはこう語る。見た目の変わった人が2人、ここに示されている。お互いが気をつければ、同じ影を共有できる。この姿勢を保ち続けるのはお互いにつらいものがあるだろうが、逆立ちしている方がよけいにつらそうだ。

チョウ・ホン・ラム

影の作業員　2010

2009年、ホン・ラムは「フライング・マウス365」という野心的なプロジェクトを開始した。Tシャツのデザインを毎日ひとつ発表し、これを1年間続けるというものだ。プロジェクトを成功させるため、彼は他の仕事やオファーをすべて断った。24時間以内に独自のアイデアを考えて描くのは、どんな才能あるデザイナーでも大変だ。それを丸1年休みなく続けるとなれば、創造力と技術、忍耐力、ひたむきさの絶妙なブレンドが求められる。

作者不詳

曖昧な馬上の人　1904

このビンテージ・ポスターが発表されたのは1904年だった。馬に乗った男性が犬を従えているシルエットには曖昧さが漂っている。この人はボストン・ブルマー・ガールズとローカル・ナインの試合を見に野球場に向かうところか、それとも野球場から立ち去るところなのか。ポスターには次の文章が添えられている。「これから行くのか、帰るところか？〝ブルマーの日〟に彼は試合を見に野球場に向かっている」

カリアー・アンド・アイヴズ
謎に包まれたキツネ　1872

カリアー・アンド・アイヴズは19世紀から20世紀初頭にかけて操業していたアメリカの印刷会社だ。7500点を超えるリトグラフを100万枚以上も生産していた。人気のあるこの絵には、動物や人の顔が景色のなかに隠されている。馬、仔羊、イノシシ、男性と女性の顔、すべて見つけてみよう。

ケミス

サイの壁画　2012

サイが壁を突き破って飛び出してくるようなこのトロンプ・ルイユを制作したのは、ケミスと呼ばれるグラフィティ・アーティストだ。カザフスタン出身で、作品はチェコ共和国をはじめヨーロッパ各地で知られている。スプレー缶を手に、彼は初めての土地を訪れてはアートを試み、映画を作り、人権の促進に取り組む組織に協力している。

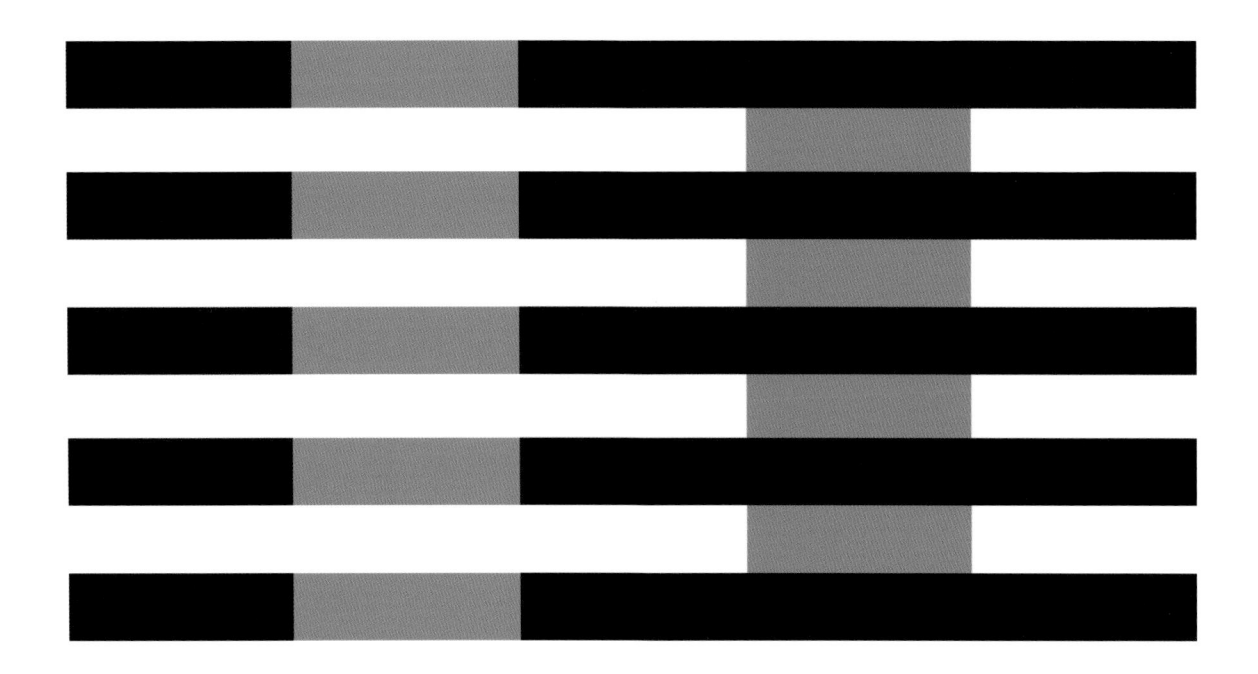

M. ホワイト

ホワイトのイリュージョン　1979

グレーの長方形はどれも同じ輝度なのだが、黒い線にはさまれたもの（右側）は白い線にはさまれたもの（左側）より暗く見える。1979年、M. ホワイトはこの視覚現象について解説した。その3年前の錯視の本に同じ現象が載っていたが、その本にはなんの解説もなかったのだ。研究者の説はいくつかに分かれ、今もなお意見の一致は見られていない。

ジョージ・アンダーウッド
ノールの肖像 2009

このアーティストは麻のキャンバスに油絵を描くよう、広告代理店から依頼された。大型物件の不動産管理を専門とする顧客のために、大邸宅管理の専門家だとアピールできるような絵にしてもらいたい、と。そこで肖像画のテーマはノール・ハウスが選ばれた。ケント州西部セブノークスにあるイギリス屈指の大邸宅だ。この広大な土地と屋敷を示すアイテムをできるだけ多く取り入れること、と注文がつけられた。その結果、ひとりの男性の肖像画に屋敷の外観、庭園、インテリア用品、絵画、彫刻、家具、農園、所有地などが盛り込まれた。「楽な仕事ではなかったよ。でも、やっていて楽しかったね」。ジョージ・アンダーウッドはこう回想している。

ゲイリー・W・プリースター

混んでいるプール　2012

このステレオグラムではプールを見つめてみると、隠れている画像が明らかになる。目を30〜45センチほど離し、プール中央のどこか1点を選んで見つめる。見つめたまま、目をリラックスさせる。プールの向こう側を見透かすような感じで見る。焦点が少しぼやけてくるかもしれない──それがいいのだ。やがてプールの深みに何かが見えてくる。そうなったら、あともう少しだ。視点をそのまま動かさずにいると、隠れていたものがこちらにやって来る。隠れている画像の答えは223ページ。

ゲイリー・W・プリースター

椰子の椅子　2012

このステレオグラムにも別の画像が隠されている。ゲイリー・W・プリースターはロサンゼルスにあるアート・センター・カレッジ・オブ・デザインを優等で卒業し、ロサンゼルスやサンフランシスコのテレビ・活字広告ディレクターとして15年間働いた。1990年代半ばにステレオグラムと出会い、作り方を学んだ。間もなく彼はこの趣味に夢中になった。彼のステレオグラム作品は数々の本や雑誌、iPadのアプリに登場している。現在は「アイトリックス３Ｄステレオグラムス」というベンチャー企業を共同設立し、企業や個人の注文に応じてステレオグラムを制作している。隠れている画像の答えは223ページ。

<h3 style="text-align:center">ゲイリー・W・プリースター</h3>

ピラミッド　2012

プリースターは言う。「画像や構造が隠れているデザインを一から作り上げるのは大変だが、自分でやるのが好きだ。これは機械的な方法というより芸術形式だ。良いステレオグラムを作るには何度も試行錯誤しなければならない。必ずうまくいくという保証もない。でも、うまくいったときの喜びは格別だ。隠されている立体画像を初めて見つけて驚嘆の表情を浮かべた人を見ると、時間をかけ苦労して作った甲斐があったと感じる。ステレオグラム作りは芸術が10％、魔法が100％だよ」。隠れている画像の答えは223ページ。

パトリック・ヒューズ

ピカソエスク　2013

ピカソ展を遠近法で描いたこの油絵は、正面から見ると平らなキャンバスに描かれているように見える。だが、絵の左側か右側に回ってみると、逆遠近法で描かれているとわかる。ピラミッドのような立体物が額縁から突き出ており、正面から見ると最も遠くに見える部分が物理的には見る者に最も近く、最も近くに見える部分が実際には最も遠い。また、絵を見ながら端から端へと回ってみると、もうひとつ別の錯視効果に気づかされる。絵自体が動くように見えるのだ。それも、はっきりと。動いているのは見ている人間だけなのだが、絵が動いていると言いきる人が後を絶たない。

左端と右端から見ると、逆遠近法の構造がわかりやすくなる。このタイプの絵がいちばん評判が良い、とヒューズは認めている。彼自身も逆遠近法に心を惹かれており、生涯こういう絵に専念してもいいと言っている。

ジャン・ホン・ホルレーベン
ダイバー 2004

この写真は現在も進行中のシリーズ「飛ぶ夢」の一枚だ。飛ぶ夢は古典的な児童書と現代のスーパーヒーローに感化されている。ジャン・ホン・ホルレーベンは2002年からドイツ南西部の地元で、子どもを主役とした写真を撮り続けている。支柱やはしごを慎重に使い、想像力を働かせ、なつかしい夢が実現するようなシーンを作り上げている。

カンザス市立図書館
地域の本棚　2004

大都市にあるたいていの駐車場は貴重な機能を果たしているが、景観の美しさにはほとんど寄与していない。だが、ミズーリ州のカンザス市立図書館の駐車場だけは別だ。駐車場の周りに高さ7.5メートルの本の背表紙を並べたため、ユニークで人目を引くものとなった。背表紙には薄く丈夫なポリエステル製のマイラーが使われている。この「本棚」には全部で22冊が並んでいる。本のタイトルはカンザス市の図書館利用客から寄せられた声をもとに、カンザス市立図書館評議会が選定した。『ハックルベリー・フィンの冒険』『キャッチ22』『指輪物語』など有名な作品も含まれている。

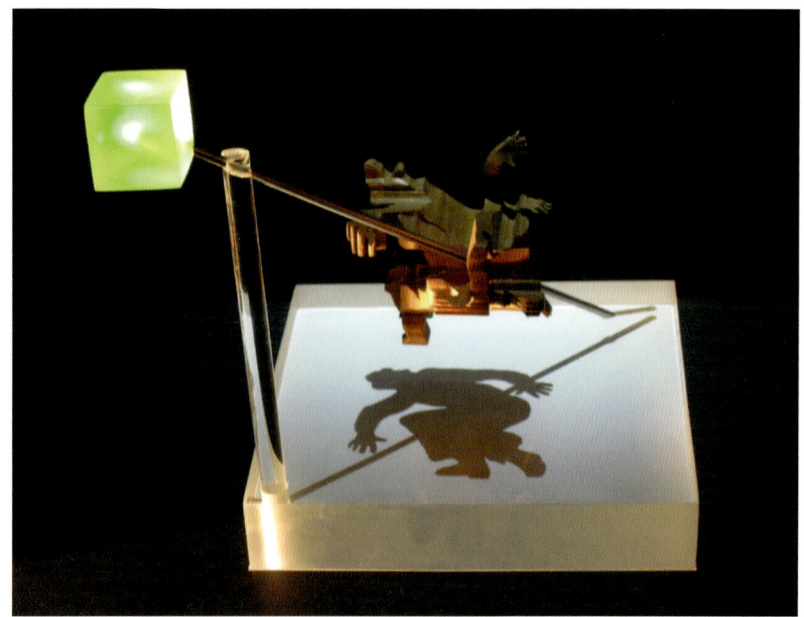

ジョン・V・マンティン
ダンサーズ：マジック・アングル彫刻　2012

ジョン・V・マンティンは作品紹介にこう書いている。「自然を科学的に解釈するとなると、えてして我々の視点次第となりがちだ。問題なのは見方だ」。マホガニー材で作ったこのマジックアングル彫刻は、抽象的な彫刻にしか見えないのだが、

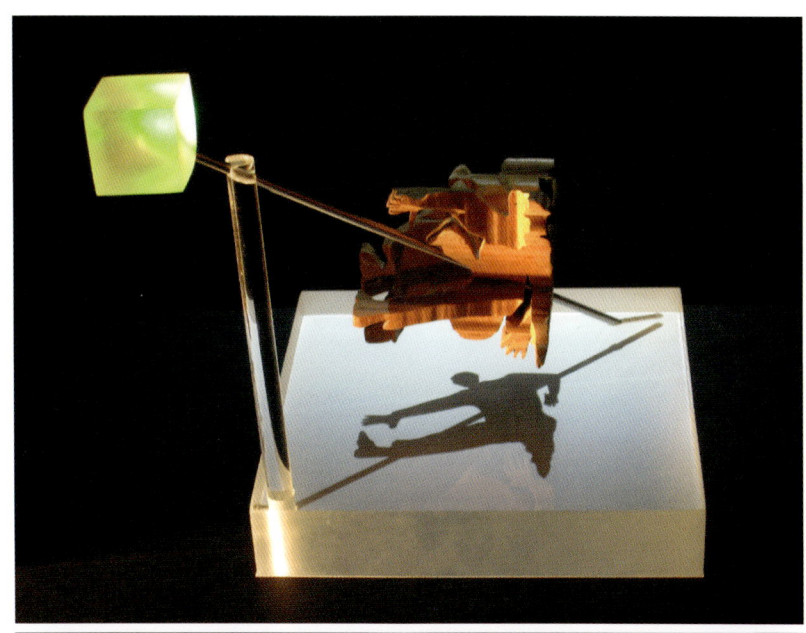

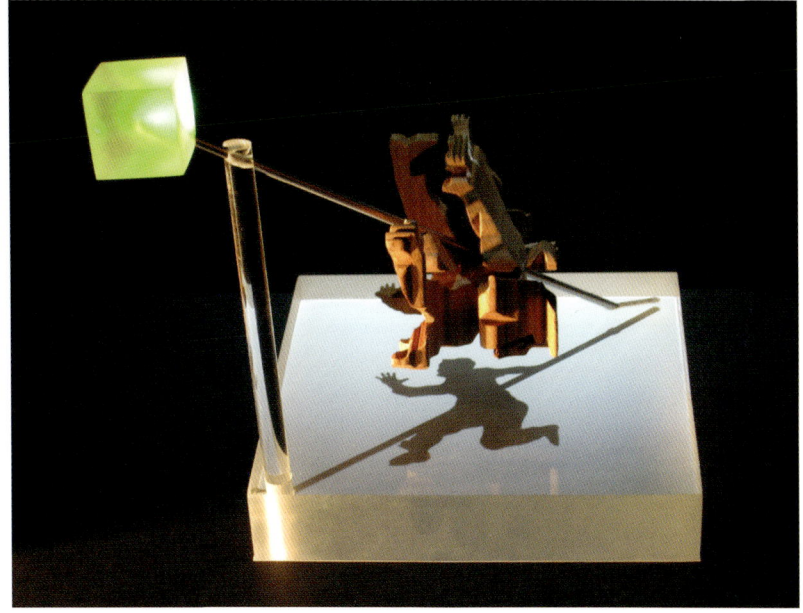

上方からライトを照らし、あるところまで回転させると影が形になる。影は3種類あり、120度回転させるごとにダンサーの異なる姿に変わる。

レオン・キール

3D アナモルフィック・コブラ　2011

オランダのストリート・アーティスト、レオン・キールは、多国籍企業の広告用壁画をデザイン・制作するなかで絵を学んだ。さまざまな素材の壁に描いてきたため、素材や技法に興味を持つようになった。篭から鎌首をもたげているこのコブラは、オランダのスネークショー用に制作された。コブラの高さが1メートル近くに見えるのはこの写真を撮った角度からだけだ。コブラを立体的に見せるため、キールはコブラの頭をとても大きくし、首も地面に5メートルほど描いている。

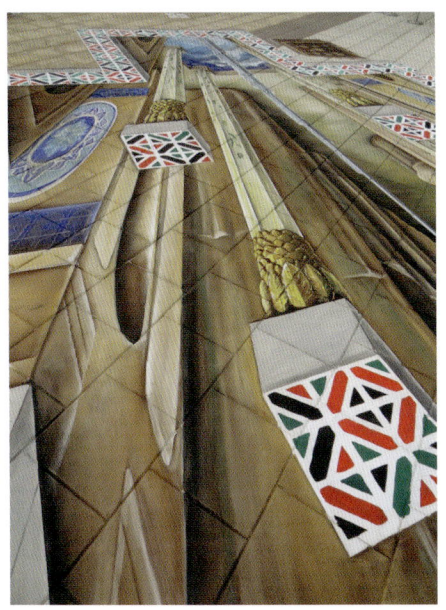

レオン・キール

3D アラブ首長国連邦　2011

作品は永久に残るものではないという事実をストリート・アーティストは認め、受け入れなければならない。雨、風化、歩行者などにより、作品はいずれ消えてしまう。「ストリート・アート作品はすべて、描かれた通りとその住民のものだ……。はかない芸術という事実によって、作品は存在感を増す」とキールは言う。この作品はアラブ首長国連邦結成40周年を祝うため、建国記念日に合わせて制作された。全7首長国それぞれの名所がチョークで描かれている。左の写真は反対の角度から写したもの。立体的に見えるようにするには、どれほど歪めて描かないといけないかがわかる。

レオン・キール

サラソタ・チョーク・フェスティバル 2012

フロリダ州サラソタで毎年開催されるサラソタ・チョーク・フェスティバルのために制作した作品。クレーンゲームのなかのテディベアや人形は歩行者が獲得してくれるのを待っている。「これは忘れ去られた遊び心のメタファーなんだ。自分のなかの子どもを見守り、想像力を探っていかないとね」

カール・クワスニー

森　2011

「森の奥、足が重たく沈むところ、あなたは思っているほどひとりぼっちではないかもしれない」。イラストレーターのカール・クワスニー（別名モノー）はこの作品についてこう書いている。幼い女の子が森のなかを覗いている無邪気な絵だと最初は思うだろう。だが、この絵にはもっと暗い二重の意味が隠されているのだ。この作品はＴシャツ販売会社、スレッドレスから依頼されたもの。

ジェーン・パーキンス

ひまわり 2011

「プラスチック・クラシックス」と呼ばれる現在進行中の作品群で、ジェーン・パーキンスは巨匠たちの作品にひねりを加えている。大きさ、形、色さえ合えば、おもちゃ、貝殻、ボタン、ビーズ、宝石、カーテンのフック、ばね、どんなものでも作品に使う。自分で着色はしない。すべて「見つけたときのまま」だ。作品は2通りの見方ができる。遠くから全体像を見る、または顔を寄せてどんな材料が使われているかを見る。ゴッホは絵の具をチューブから直接キャンバスに乗せていた。厚みがあり立体的とも言えるその作品は、他の材料を使って再解釈を行うのに申し分ない。

ジェーン・パーキンス

真珠の耳飾りの少女　2011

先人の作品を再解釈する試みは目新しい現象ではない。何世紀も前、アーティストは有名な先人たちの作品を模写して技法を学んでいた。この作品について、ベストセラー『真珠の耳飾りの少女』の著者トレイシー・シュヴァリエは次のように述べている。「なんとゴージャスな再解釈だろう。フェルメールの少女の模写はよく見かけるが、これはと思うものはほとんどない。ジェーン・パーキンスはこの絵画を一歩前に押し進め、独自の作品に仕立て上げた。質感のあるこの作品をフェルメールが見たら、きっとほほえんだと思う」

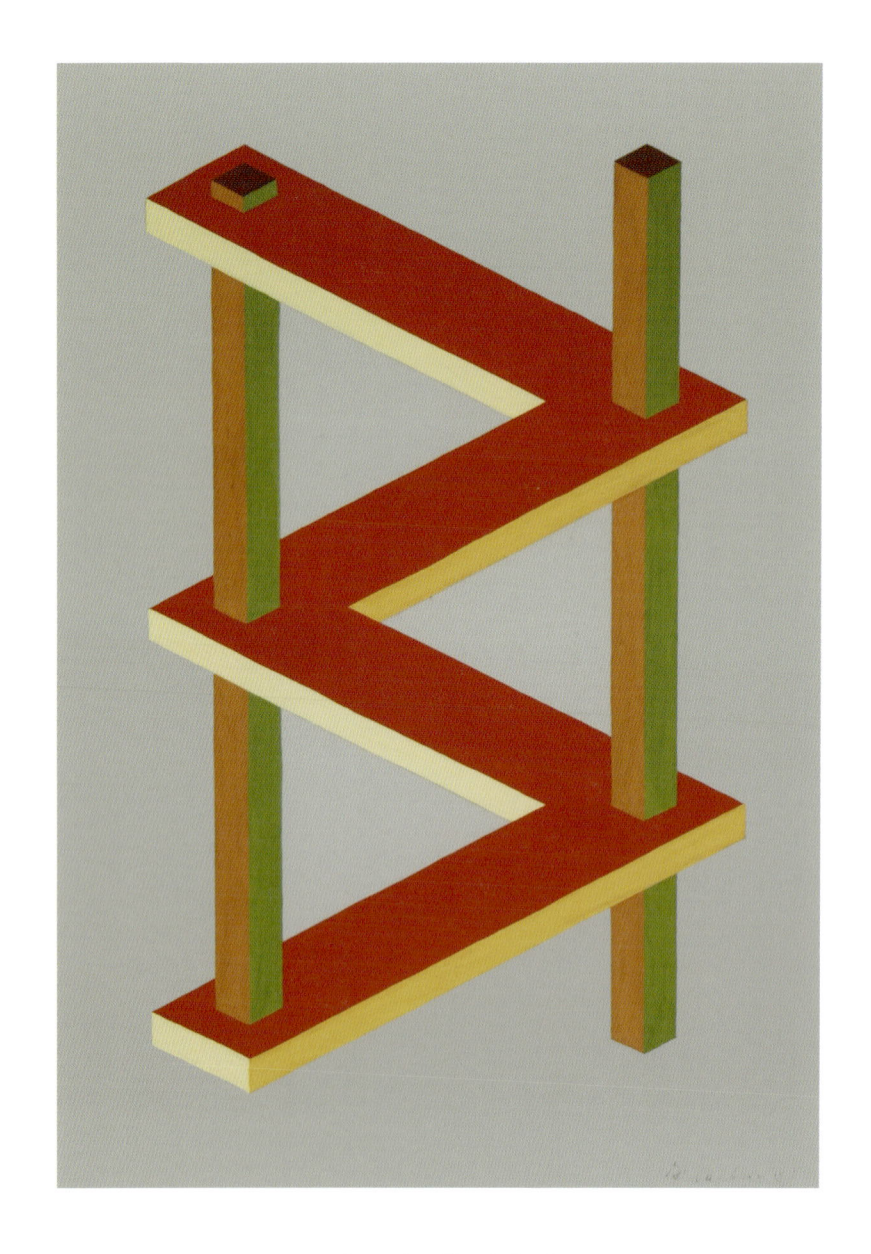

ヘルマン・ポールセン

デュッセルドルフ三角形

ドイツ人アーティストで教師でもあるヘルマン・ポールセンは、不可能図形の開発に特に関心を抱いていた。本作品では水平なジグザグ図形の数カ所を2本の垂直柱が通っている。物理的に不可能な図形から三角形が3つ形成されている。

ヘルマン・ポールセン
高エネルギーボールと赤い背景

2013年、ドイツのフレンスブルクにあるフェノメンタ科学センターは、ヘルマン・ポールセンの不可能図形を特集した回顧展を開催した。「不可能で可能な」回顧展は、フレンスブルク大の美術学生がフェノメンタ職員と協力してデザインした。幾何学模様を描いた本作品は球形に見えるため、ポールセンはこの立体図形を「高エネルギーボール」と名づけた。

ヘルマン・ポールセン

無題

青の三角形2つ、黄色の三角形3つが不可能な形で重なり合い、組み合わさって模様をなしている。しかも、最も大きな三角形は一部が欠けた立方体のような図形に巻きついている。その結果、紙上または想像上のみに存在できるもつれた代物が出来上がった。

ヘルマン・ポールセン
無題

本作品をぱっと見ると、赤と黄色の図形が立方体のように思われる。だが、よく見てみると、立方体とはまったく異なっている。外縁部は6つの不可能な三角形から成る六角形だ。その各三角形に青い図形がねじれ、曲って絡みついているため、「不可能さ」がさらに増している。

ジョン・ラングドン

Excellence（優秀）　2008

ジョン・ラングドンは言葉を素材にするのが好きだ。ロゴ・デザイナーであり、タイポグラフィの専門家であり、ペンシルベニア州フィラデルフィアにあるドレクセル大のタイポグラフィの教授でもある。180度回転してもまったく同じに読めるこの作品は、テキサス州ヒューストンのガスリー・センターから教育推進のために依頼されたものだ。

IS A SCIENCE
DEFINED AS
THE PURSUIT,
STUDY & LOVE
OF WISDOM,

Philosophy

MAY ALLOW
OR REQUIRE
LOOKING AT
IDEAS FROM
BOTH SIDES.

ジョン・ラングドン

Philosophy（哲学）1985

ラングドンは言う。「このアンビグラムはぼくにとって特に重要な意味がある。ぼくの最初のアンビグラムは個人的な哲学を表現するものとして、陰陽太極図に基づいた形で作られた。今でもテキストのブロックを2つ、こういう形に組み合わせるのが好きだ。仕事すべてに関するぼくの感情を簡潔にとらえているんでね」。右上「哲学とは知恵を求め、学び、愛することと定義される」、左下「哲学は概念を両面から見ることを認め、そう求めるものである」

ジョン・ラングドン
Logos（ロゴス）　2006

このデザインはタトゥー用として個人から依頼されたもの。「ロゴ」がひとつではないことに驚かされるかもしれない。ギリシア語の単語ロゴス〔言語、真理の意〕も示唆している。ラングドンによると「現実の根底にある秩序について、ふつうの人はなんとなく気づいているだけだ。それは〝物事のありかた〟であり、〝自然の法則〟の総体である」

ジョン・ラングドン

Reality（実在） 2004

このアンビグラムは彼の著書『Wordplay』の第二版用に作られた。「哲学は実在の本質を探究する部分が非常に大きいので、個人の〝実在〟がもっと大きな、〝客観的〟と言えそうな実在にどう関わっているのかをじっくり考えた。そして両者の関係を述べる図を思いつき、『Wordplay』のテーマとして〝実在〟を加えたくなった。それでアンビグラムが必要になったのだ。

ぼくにとって〝重要〟概念のひとつが見た目も美しいアンビグラムによって表現できたときは本当にうれしい」

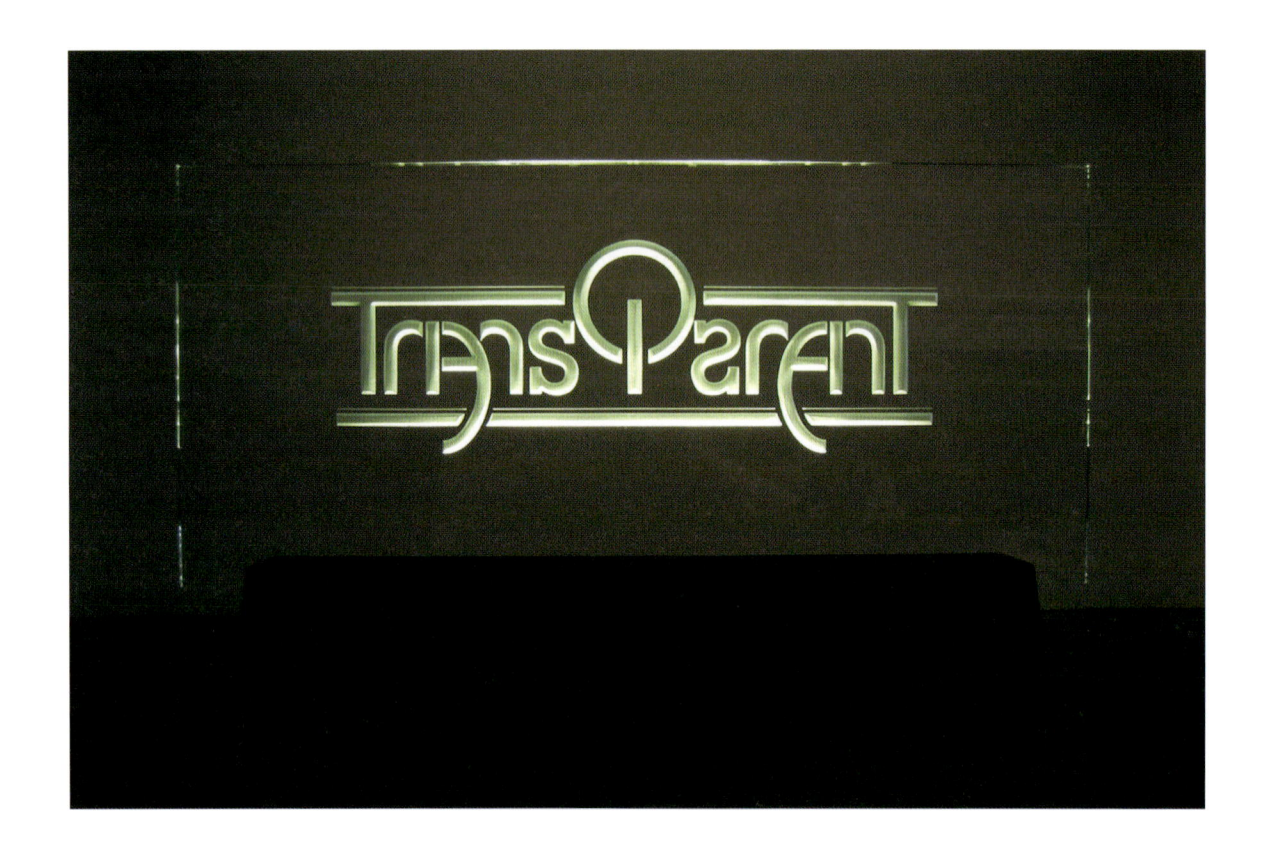

ジョン・ラングドン
Transparent（透明）2004

単語の意味も、視覚的／アンビグラム的な特徴も同時に捉えた作品が出来上がったとき、ラングドンはいつも喜びを覚える。Transparentという単語の鏡面アンビグラムである本作品はガラスに刻まれている。ガラスの向こう側から見ても、まったく同じに読める。

Department of English & Philosophy　　　　　　　　　　College of Arts & Sciences

ジョン・ラングドン

Philosophy / English（哲学／英語）　2007

ラングドンは言う。「このイリュージョンは特に難しかった。もっと〝型にはまった〟アンビグラム（回転、鏡面など）にしようとしてみたが、この2つの単語を組み合わせるのは無理だった。それでも、哲学にも言語にも個人的な関心を注いできたのが幸いしたのだろう、ぼくにとって最高傑作の部類に入るものができた。この〝概念の転換〟アンビグラムは形にするのが非常に難しかったが、けっして諦めなかった甲斐があった。PhilosophyもEnglishも解読しにくいかもしれないが、少し辛抱して概念の転換を自発的に行い、単語を2つとも見つけられたときは大きな満足感を得られる」

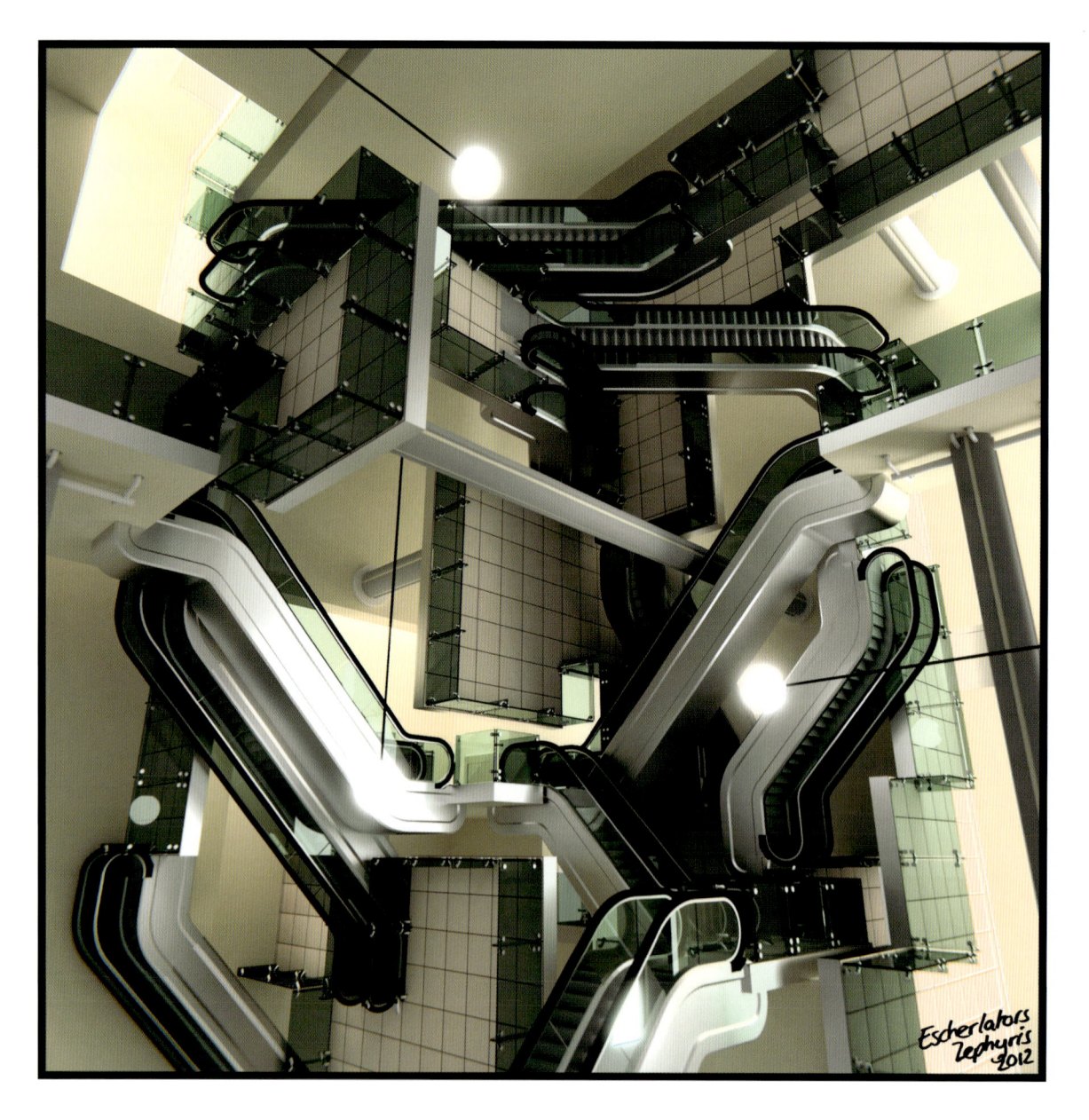

リチャード・ウィーラー

エスカレーター　2012

この加工写真はオランダのアーティスト、M.C.エッシャーに捧げられた作品だ。彼がもし21世紀に生きていたら、1953年の有名なリトグラフ「相対性」はこんな感じになったかもしれない。「相対性」も本作品も、同じ三次元空間のなかでいくつもの方向に向かっているという、重力を無視した不可能な階段を扱っている。

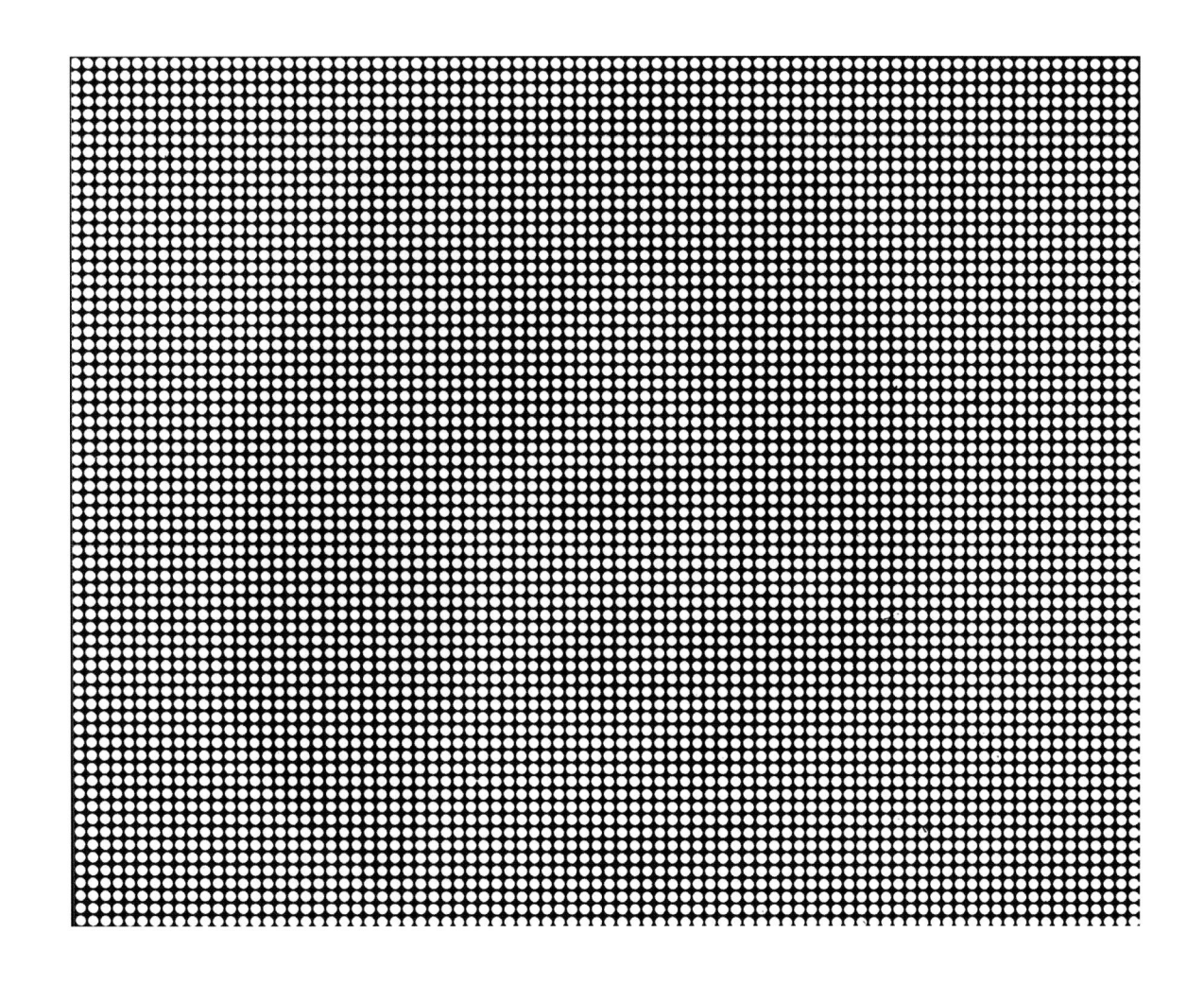

ニコラス・ウェイド

クリス　1980

白い円が集まったなかに女性の肖像が隠れている。あなたには見つけられるだろうか？　わからなければ遠くから見るか、目を細めて見るか、その両方を試してみるといい。この作品の曲線は手描きで、ハイコントラスト・フィルムを使って撮影してある。女性の顔は別に撮影し、あとから組み合わせてある。ニコラス・ウェイド教授の最近の論文「隠された画像」には次のようなくだりがある。「画像を隠すのは比較的たやすいが、隠れたままではほとんど価値がない。スキルが求められるのは、前もって隠された画像を明らかにすることだ」

アウグスト・サネラ

的 2005

アウグスト・サネラのこのアナモルフィックな作品は、ブエノスアイレス（アルゼンチン）の現代美術館のために制作された。彼は投光器、スクリーン、絵の具、ビニール系接着剤を使い、なんの変哲もない通路を芸術品に変えてしまった。ある場所に立つと3つの同心円が見える。立ち位置を少しでも変えると、このイリュージョンがどのように作られているのかがわかる。

サネラはブエノスアイレス大で建築学とアーバニズムの学位を取得している。

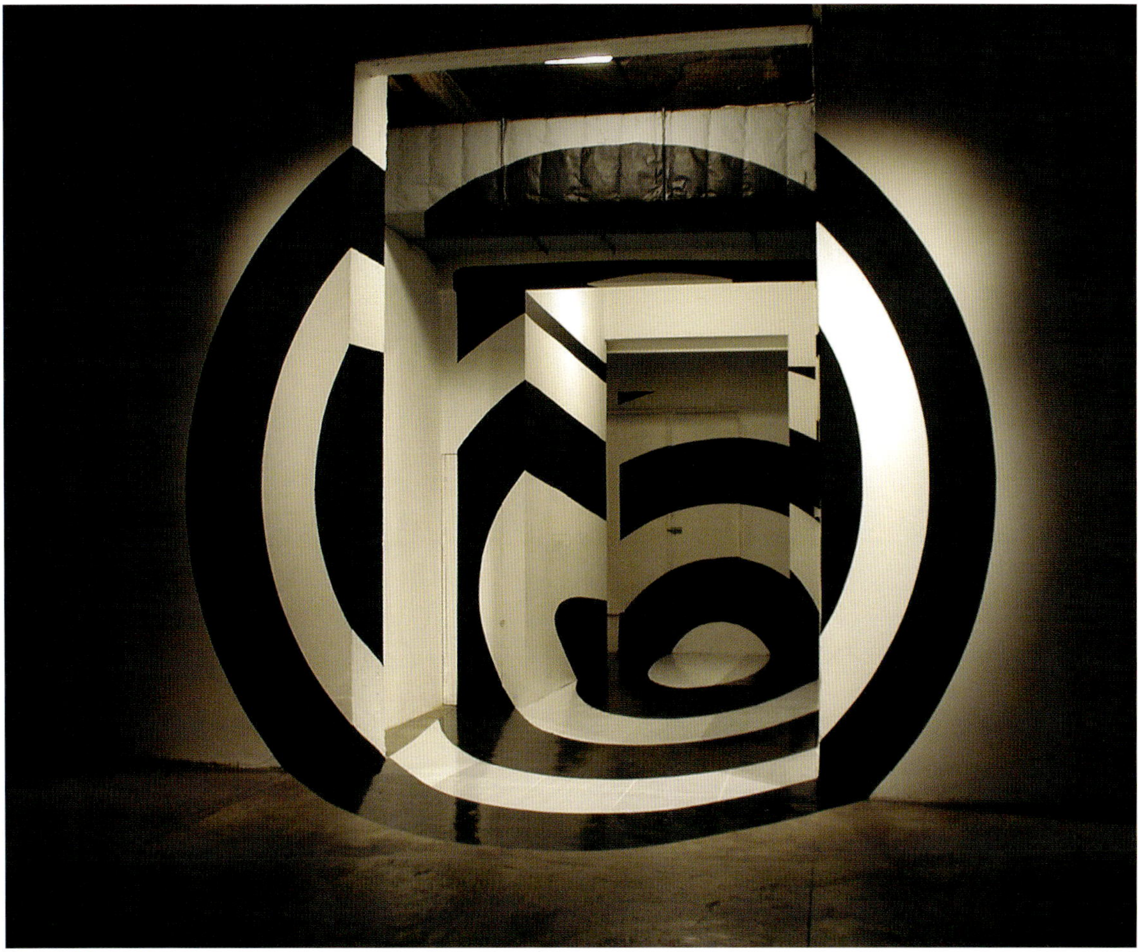

イシュトバン・オロス

パーゴラ（あずまや） 1993

「想像でき、描けるものもある。想像できるが描けないものもある。だが、想像できないものを描くことは可能だろうか？ これがとても気になっている」とイシュトバン・オロスは言う。彼の想像から生まれたこのパーゴラは構造がどこか変だ。支柱はなんの支障もなく屋根を支えているように見えるが、これで支えられるのだろうか？

イシュトバン・オロス

『阿呆船』イラスト　2005

このイラストは15世紀の作家セバスティアン・ブラントの風刺作品『阿呆船』のハンガリー／ドイツ語版のために描かれた一連の挿絵のひとつだ。本作品はさまざまな人々であふれる城を描いたもので、人々の日常生活の一端が垣間見える。同時に城そのものが人の頭がい骨を思わせる。離れた所から作品を見ると、暗さを漂わせたイリュージョンであることがよりはっきりわかる。

イシュトバン・オロス

ラマルク　2002

棚に置かれた雑多な品々がフランスの生物学者ジャン＝バティスト・ラマルクの肖像画に変わる。しかも、彼を形作っているものすべてが自然に関係がある。かごの鳥と、サイと木に止まっている鳥の絵がラマルクの頭と顔の輪郭を形成し、タコと昆虫が彼の目を、魚が口を表している。

イシュトバン・オロス
蔦のからまる窓　1993

蔦に覆われた建物のある側面に、矛盾した窓がついている。窓の上半分だけを見ると、窓は右の方を向き、外に向かって押し開けられたように見える。下半分だけを見ると、窓は左の方を向き、家のなかに向かって引き開けられたように見える。どちらもまったくふつうなのだが、窓全体で見ると不可能な構造なのが明らかになる。

レアンドロ・エーリッヒ

建物、ニュイ・ブランシュ*、パリ　2004

「蜃気楼さ。鏡に映っているんだよ」。レアンドロ・エーリッヒは2008年、ArtNexus誌のインタビューでこの装置について語った。「見る人に理解できないミステリアスなテクニックなんてものはないんだ。壁をよじ登っているように見える人たちは、じっさいには建物の前面を模した床に寝そべっている。誰だって見ればじきにわかる。本当は寝そべっているのに、鏡に映すと垂直に見えるんだ」。〔＊ニュイ・ブランシュ（白夜）：パリで毎年10月の夜に開催されるアート・イベント〕

ブルー・スカイ

トンネルビジョン　1975

15×23メートルというこの巨大な壁画はサウスカロライナ州コロンビア、銀行のしっくい塗りの外壁に作られている。前方をよく見て運転している人でも、この岩のトンネルを、そのはるか向こうに沈むオレンジ色の太陽を初めて見たときはだまされる。目をあざむくこの傑作のアイデアは夢に現れたのだそうだ。ブルー・スカイはある朝目を覚ますとまず壁を調べ、それからおおまかなスケッチをした。この壁画は完成に丸一年かかった。無理もないだろう。

art is a lie that makes us realize the truth
PABLO PICASSO

エピローグ　Epilogue

ペテンからアートへ──錯視に意味を添える

　錯視はぼくたちの感覚をあざむく。曲線に見えるものが実際は直線だったり、凸面に見えるものが実際は凹面だったり、風景画だと思っていたら実際は顔が隠されていたりする。ふつう、ぼくたちは騙されてうれしいとは思わない。騙され、ごまかされ、ペテンにかけられるとばかにされたと思う。では、なぜ錯視で騙されるのが楽しいのだろう？

　マジシャンのコンビ「ペン・アンド・テラー」の喋らない方、テラーはこんなふうに説明している。「人生できわめて重要な決断を下すときは、どんな場合でも、その決断が現実にしっかり関わってくる。現実の生活で判断ミスをしたら、たとえばトラックがこっちに向かってきているのをまさかと高をくくっていたら、命とりになりかねない。その点、マジックはどうでもいい状況下できわめて重要な決断をして遊ぶ遊び場のようなものだ」。だからマジックのトリックは錯視と同様に人の注意を引くのだ。マジックが扱っているのはぼくたち誰にとってもきわめて重要なもの──現状認識なのだから。

　だが、ただのトリックはすぐにすたれる。一流のマジシャンがマジックの技術を駆使し、忘れられないようなドラマを演出するように、本書に収録されているアーティストたちも錯視の技術を駆使し、意味のある画像を創り出す。その幅は非常に広い。絵画もあればイラストレーションも、彫刻も写真もある。美術と学術研究、ゆかいなジョークと熱い政治的メッセージが隣り合わせになっている。ペテンからアートへと変容させた作品のなかからいくつか選んで紹介しよう。

科学者

最も基本的な形で示された錯視作品には、それ自体が持つ素朴な美しさが感じられることがある。

M. ホワイトの「ホワイトのイリュージョン」(175ページ)は、何度も見返したくなるような魅力を持つ抽象的構成を備え、錯視が秘めた不思議な力を象徴的に示すものだ。

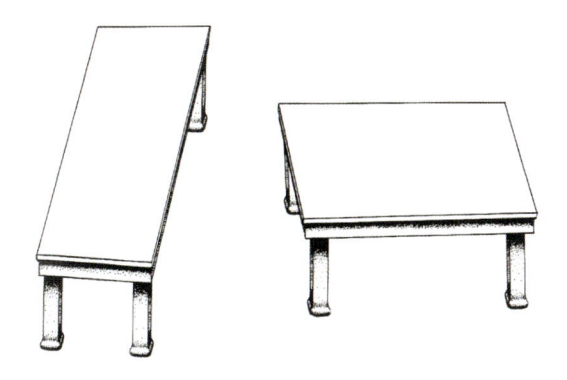

心理学者ロジャー・シェパードは芸術家でもある。だから「テーブルの向きを変える」(104ページ)では平行四辺形がテーブルの天板に見えるよう〝おまけ〟を書き足している。

形式主義者

最も純粋な幾何学図形に錯視を求めるアーティストもいる。

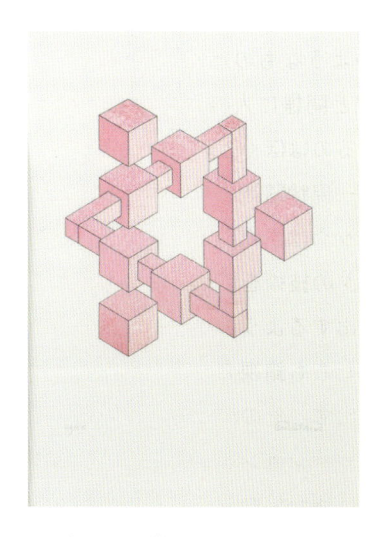

不可能図形の草分けであるオスカー・ロイテルスバルトは基本的な錯視ひとつを並び替え、何千枚もの作品を作っている。形は抽象的だが、そこにはまぎれない遊び心が感じ取れる。（上の作品は44ページ）

マーティン・アイザックの「知覚の実験」(119ページ)は無駄のない形と色彩の乏しさが相まって、立方体の空間的曖昧さについて静かにじっくりと考える雰囲気が醸し出されている。

演出家

古典的な錯視を新たな文脈で彩るアーティストもいる。ここには深いメッセージはなく、昔の曲を新しいアレンジで聴くような創造力の楽しさだけがある。

ビセンテ・メアビーリャの「不可能な家具」（115ページ）はロイテルスバルトの不可能な形にねじまげた三角形をチャーミングで日常的な形に解釈したものだ。

マイケル・カイは「天地無用—テニス」（85ページ）にて、マーティン・アイザックの「知覚の実験」の凹凸錯視をなんと写真で示してみせた。

彫刻家

なじみ深い錯視も立体的にすることで新たによみがえる。下のどちらの作品も彫刻という現実が新しい次元の意味を与えている。

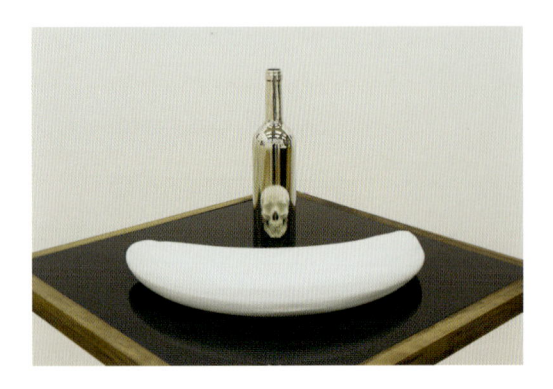

伝統的なアナモルフィック絵画では、絵を映し出す円柱はただの装置にすぎず、絵も平らなものだった。それがジェームス・ホプキンスの「ゴースト」（40ページ）ではボトルも作品の一部となっている。中には毒入り飲料が入っていそうだ。

ベラ・ボルソディの「VLP」（101ページ）は、立体感のない絵画やコラージュ写真だったらなんの面白みもなかっただろう。実際の光景を切り取った1枚の写真だからこそ、「どうやってこれを？」と、頭の体操に打ち込むことになる。

214

エンターテイナー

錯視は昔からおかしみや笑いを提供してきた。

インターネットが開発されるはるか以前、カリアー・アンド・アイブスの「謎に包まれたキツネ」（173ページ）のようなリトグラフは娯楽として人気があった。絵に隠されている動物や人の顔を見つける遊びだ。

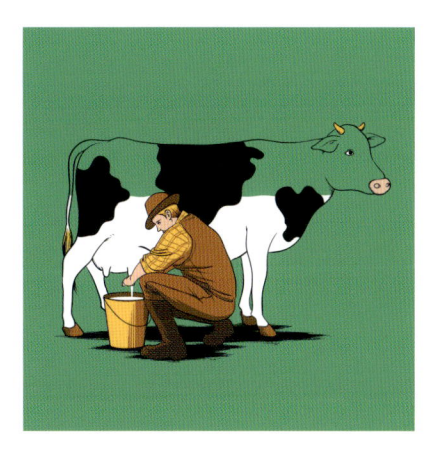

Tシャツ用のデザインとして作られたチョウ・ホン・ラムの「乳しぼり」（169ページ）のようなイラストは、今の時代も同じように人気がある。

ユーモアとファンタジー

ありえない形はぼくたちをファンタジーと遊びの世界へといざなう。こういう錯視は一瞬で見抜けはするが、信じられないという気持ちを引きずったままファンタジーを楽しみたいと見る者に思わせる。

バイアブル・ロンドンの「タイタニック・ランプ」（116ページ）を見ていると、テーブルが液体に思えてくる。

ジュリアン・アッティオグベの「溶けゆく建物」（156ページ）は直線に満ちた都会の風景をかき乱す。

参加者

身近な素材から作られた錯視作品を見ると、自分もそこに参加し作品の一部になってみたくなる。

トレーシー・リー・スタムがチョークで描いた「サン・ルイスを舞うチョウ」（111ページ）は、見慣れた空間を魔法のような世界に一変させる。見る者はその周りをぐるりと歩き、写真を撮り、作品に参加することになる。

ジャン・ホン・ホルレーベンの「ダイバー」（182ページ）はカメラのアングルによる単純なトリックを使い、子どもの想像の世界へといざなう。あなたならどんな道端の風景を写真に収めるだろう？

質問者

2つの異なる画像から、現実の本質を問いかけるアーティストがいる。

ベン・ハイネの「鉛筆vsカメラ—4」（43ページ）は、スケッチと写真の関係を見る者に考えさせる。どちらも現実を描いたものだが、真実はどちらにあるのだろう？

マイケル・サムスキーの「MSU 昔と今」（95ページ）も似たような手法だが、与える効果は非常に異なる。ぼくたちは現実味を問うのではなく、記憶について——過去と現在の衝突について考えさせられる。

イラストレーター

このような作品は曖昧な絵図を使い、あるひとつの状況のさまざまな側面を描き出す。たしかに絵図自体が絵として楽しめる構成になっているが、もともとはある具体的なストーリーを描くために作られたものだ。

エレーナ・モスカレヴァの「彼女と彼 #1」（122ページ）は今ここにいる女性と、遠い地にいる愛人との関係を簡潔に表現している。

デビッド・スーターの「悲しみの形」（125ページ）は銃による暴力に関する新聞の論説に添えるために描かれた。スーターは人と銃の形を融合させただけではなく、銃規制に対する賛否を明確にしないという曖昧さもこの絵に与えている。物議をかもす問題を扱うには申し分ないやり方だ。

発見者

レタッチをしていないこの2つの写真は、驚くべき光景を記録したものだ。

マウリツィオ・ラッタンツィオの「無題」（124ページ）は問いを投げかける。この自転車はどうやってチェーンの上でバランスを取っているのか？　問いに答えようとして、ぼくたちは初めて別の見方があると気づく。

マイケル・S・ノーランの「涙を流す母なる自然」（52ページ）は偶然の一致としか言いようがない。本物の光景がここまで明白かつ強烈なメタファーとなっているとは。

夢見る人々

ここに挙げたアーティストたちは現実の境がぼやけ、ぼくたちを夢へといざなう超現実的なシーンを創り上げている。

ロブ・ゴンサルヴェスは自分の作品を「マジック・リアリズム」と称している。この言葉はもともと写実小説に魔法の要素を組み込んだ文学作品を指すものだ。上の作品は「水の踊り子たち」（13ページ）

ありえなさゆえに、平凡なシーンが神秘的なものに昇華している。上の作品はウラジーミル・クッシュの「天国の果物」（132ページ）

写真家

錯視を扱った写真はリアリズムに新たな次元を与える。写真は現実を表すものだと思われているからだ。

エリック・ヨハンソンの「自分の道を進め」（25ページ）は2つの構成要素がありえない形で混ざり合っている。

トーマス・バーベイの「ピアノ・ピース」（97ページ）は数枚の写真を組み合わせ、みごとな「見て楽しむしゃれ」となっている。

芸術家

彼らは錯視作品を作ることそのものが目的ではなく、深い感情を表現する手段として錯視を利用している。

ベヴ・ドゥーリトルの「飛び立つ魂」（146ページ）は、彼女のどの作品もそうなのだが、隠されているものが自然界を活気づける魂を示している。

ぼくたちの知覚はネジと顔の間を揺れ動く。これが錯視効果なのだが、最も強い印象を与えているのは素材だ。暖かみのない金属製のネジとグレーの電話帳がわびしさを醸し出している。上の作品はアンドリュー・メイヤーズの「芸術家の冬」（120ページ）。

声

そして最後に紹介するアーティストたちは錯視によるショックを利用し議論を呼びかける。

自身の姿をカムフラージュすることで、我々がどうなりつつあるのか考えてみてくれとアーティストはぼくたちに語りかけている。この作品のすごいところは、声高に語らない点にある。アーティストはこの写真を撮るために何時間もじっと動かずに堪えていた——デジタル・レタッチの時代に過激な選択をしたものだ。上の作品はリウ・ボーリンの「町に隠れる No. 71：ブルドーザー」（18ページ）。

ネルソン・マンデラの彫刻による肖像画で、アーティストは遠近法的錯視を使い、強烈で忘れ得ない団結のシンボルを創り上げた。上の作品はマルコ・シアンファネリの「釈放」（92ページ）。

スコット・キム

パズル・デザイナー、アーティスト、著作家

図画版権 Image Credits

4ページ：Copyright Daniel PICON, daniel-picon.over-blog.com
5ページ：(上) Copyright Joe Burull, www.joeburull.com; (下) thanks to Pontus Reuterswärd/image courtesy of Göteborgs Auktionsverk
6ページ：Copyright Jane Perkins, www.bluebowerbird.co.uk
7ページ：Copyright John Langdon, www.johnlangdon.net
9ページ：Copyright Roger Shepard
10ページ：Copyright Erik Johansson, www.erikjohanssonphoto.com
12-17ページ：Copyright Rob Gonsalves, Courtesy of Huckleberry Fine Art, www.huckleberryfineart.com
18-20ページ：Copyright Liu Bolin, Courtesy of Eli Klein Fine Art
21ページ：Copyright AIDA Makoto/Photograph by Kei Miyajima/Courtesy Mizuma Art Gallery, Tokyo/Collection of Toyota Municipal Museum of Art, Japan
22-23ページ：Copyright Oleg Shupliak
24ページ：Copyright Igor Morski, www.igor.morski.pl
25-29ページ：Copyright Erik Johansson, www.erikjohanssonphoto.com
30-31ページ：Copyright Cesar Del Valle, delvallecardona.blogspot.com
32ページ：Copyright Kurt Wenner, www.kurtwenner.com
33-35ページ：Copyright Scott Kim, www.scottkim.com
36ページ：Copyright Lewis Lavoie, www.muralmosaic.com
37ページ：Copyright Bernard Pras, www.bernardpras.fr
38-41ページ：Copyright James Hopkins, www.jameshopkinsworks.com
42-43ページ：Copyright Ben Heine, www.benheine.com
44-48ページ：Thanks to Pontus Reuterswärd/Images courtesy of Göteborgs Auktionsverk
49ページ：Copyright Ronald J. Cala II and John Moore
50-51ページ：Copyright Larry Kagan, www.larrykagansculpture.com
52ページ：Copyright Michael S. Nolan
53ページ：Copyright Joe Burull, www.joeburull
54-57ページ：Copyright Tang Yau Hoong, www.tangyauhoong.com
58-59ページ：Copyright Arvind Narale, www.upsidedownsideup.com
60-62ページ：Copyright Kaia Nao, www.kaianao.com
63ページ：Copyright Mark Palmer, www.redchapterclothing.com
64-65ページ：Copyright Igor Lysenko
66-67ページ：Copyright Carl Warner, www.carlwarner.com
68-71ページ：Copyright Andreas Aronsson, www.andreasaronsson.com
72ページ：Public domain
73ページ：Copyright Guido Moretti, www.guidomoretti.it
74-75ページ：Copyright Alexis Facca, www.alexisfacca.com
76ページ：Copyright Julie Heller, www.julieheller.com
77ページ：Copyright Michael Cheval
78-81ページ：Copyright Gianni A. Sarcone, Sarcone's Studio : www.giannisarcone.com; all rights reserved
82ページ：Copyright Eric Daigh, www.daigh.com
83ページ：Copyright Culpeo Fox
84ページ：Copyright John Leung.Design, www.john-leung.com
85ページ：Copyright Michael Kai, www.michaelkai.net
86-87ページ：Public domain
88-90ページ：Copyright Octavio Ocampo

91ページ：Copyright Michael Cheshire, www.woodenart.com.au
92-93ページ：Courtesy of Marco Cianfanelli/Photograph by Jonathan Burton
94ページ：Copyright Bartek Hlawka, www.hlawka.com
95ページ：Graphic representation by Michael Samsky for Michigan State University
96ページ：Copyright John Craig, www.johncraigprints.com
97-99ページ：Copyright Thomas Barbèy, www.thomasbarbey.com
100ページ：Copyright Nevit Dilmen
101ページ：Copyright Bela Borsodi, www.belaborsodi.com
102ページ：Copyright Roger Shepard/Colorization of original black & white image by Gene Levine, www.colorstereo.com
103-104ページ：Copyright Roger Shepard
105ページ：Copyright Radek Ossowski
106-107ページ：Copyright Ninja1 and Mach505 of Truly Design, www.truly-design.com
108-110ページ：Copyright Nikita Prokhorov, www.nikitaprokhorov.com
111-113ページ：Copyright Tracy Lee Stum, www.tracyleestum.com
114-115ページ：Copyright Vicente Meavilla
116ページ：Courtesy of Charles Trevelyan; photograph by George Ong
117ページ：Copyright Iustinian Ghita, www.just-in-art.com
118-119ページ：Copyright Martin Isaac, www.planetaryfolklore.com
120ページ：Copyright Andrew Myers, www.andrewmyersart.com
121ページ：Copyright Jens Malmgren, www.jens.malmgren.nl
122-123ページ：Copyright Elena Moskaleva
124ページ：Copyright Maurizio Lattanzio, www.mauriziolattanzio.com
125ページ：Copyright David Suter
126-127ページ：Copyright Fabrizio Corneli, www.fabriziocorneli.com
128ページ：Copyright Heike Weber, www.heikeweber.net
129ページ：Public domain
130-135ページ：Copyright Vladimir Kush; all rights reserved
136-138ページ：Copyright Robin Hunnam, grasshoppermind.wordpress.com
139ページ：Copyright Pam Mullins, www.pamswildimages.com
140-141ページ：Copyright Ramon Bruin, www.jjkairbrush.nl
142ページ：Copyright Catherine Palmer, www.palmyria.co.uk
143ページ：Copyright Charline Lancel, www.charlinelancel.com
144-145ページ：Copyright Ramiro Chavez Tovar
146-147ページ：Copyright Bev Doolittle; licensed by The Greenwich Workshop, Inc.
148ページ：Copyright Humberto Machado
149ページ：Copyright Chris DeLorenzo
150-151ページ：Copyright Dick Termes, www.termespheres.com
152ページ：Copyright Devorah Sperber, www.devorahsperber.com
153ページ：Copyright Village9991, www.village9991.it
154-155ページ：Copyright Punya Mishra, www.punyamishra.com
156ページ：Copyright J. Attiogbe
157-161ページ：Copyright Daniel PICON, daniel-picon.over-blog.com
162ページ：Copyright Kohske Takahashi, Ryosuke Niimi & Katsumi Watanabe
163ページ：Copyright Francis TABARY, www.francistabary.com
164-165ページ：Copyright Guido Daniele, www.guidodaniele.com

166ページ：Copyright Lauren Wells
167ページ：Copyright Richard Russell
168-171ページ：Copyright Chow Hon Lam, www.flyingmouse365.com
172ページ：Public domain
173ページ：Copyright Gianni A. Sarcone, Sarcone's Studio : www.giannisarcone.com; all rights reserved
174ページ：Copyright Chemis, www.chemisland.com
175ページ：Public domain
176ページ：Copyright George Underwood, www.georgeunderwood.com
177-179ページ：Copyright Gary W. Priester, www.gwpriester.com
180-181ページ：Copyright Patrick Hughes, www.patrickhughes.co.uk
182ページ：Copyright Jan von Holleben, www.janvonholleben.com
183ページ：Courtesy of The Kansas City Public Library; photograph by Mike Sinclair
184-185ページ：Copyright John V. Muntean, www.jvmuntean.com
186-188ページ：Copyright Leon Keer, www.streetpainting3d.com
189ページ：Copyright Threadless, www.threadless.com/Design by Karl Kwasny, www.monaux.com
190-191ページ：Copyright Jane Perkins, www.bluebowerbird.co.uk
192-195ページ：Courtesy of the estate of Hermann Paulsen and Phänomenta Science Center
196-201ページ：Copyright John Langdon, www.johnlangdon.net
202ページ：Copyright Richard Wheeler
203ページ：Copyright Nicholas Wade, www.opprints.co.uk
204-205ページ：Copyright Augusto Zanela
206-209ページ：Copyright István Orosz, utisz.blogspot.com
210ページ：Copyright Leandro Erlich Studio, www.leandroerlich.com.ar
211ページ：Copyright Blue Sky, www.blueskyart.com

212ページ：Copyright Scott Kim, www.scottkim.com
213ページ：(左上) Public domain; (右上) copyright Roger Shepard; (左下) thanks to Pontus Reuterswärd/image courtesy of Göteborgs Auktionsverk; (右下) copyright Martin Isaac, www.planetaryfolklore.com
214ページ：(左上) Copyright Vicente Meavilla; (右上) copyright Michael Kai, www.michaelkai.net; (左下) copyright James Hopkins, www.jameshopkinsworks.com; (右下) copyright Bela Borsodi, www.belaborsodi.com
215ページ：(左上) Copyright Gianni A. Sarcone, Sarcone's Studio, www.giannisarcone.com, all rights reserved; (右上) copyright Chow Hon Lam, www.flyingmouse365.com; (左下) courtesy of Charles Trevelyan; photograph by George Ong; (右下) copyright J. Attiogbe
216ページ：(左上) Copyright Tracy Lee Stum, www.tracyleestum.com; (右上) copyright Jan von Holleben, www.janvonholleben.com; (左下) Copyright Ben Heine, www.benheine.com; (右下) graphic representation by Michael Samsky for Michigan State University
217ページ：(左上) Copyright Elena Moskaleva; (右上) copyright David Suter; (左下) copyright Maurizio Lattanzio, www.mauriziolattanzio.com; (右下) Copyright Michael S. Nolan
218ページ：(左上) Copyright Rob Gonsalves, Courtesy of Huckleberry Fine Art, www.huckleberryfineart.com; (右上) copyright Vladimir Kush, all rights reserved; (左下) copyright Erik Johansson, www.erikjohanssonphoto.com; (右下) copyright Thomas Barbèy, www.thomasbarbey.com
219ページ：(左上) Copyright Bev Doolittle, licensed by The Greenwich Workshop, Inc.; (右上) copyright Andrew Myers, www.andrewmyersart.com; (左下) copyright Liu Bolin, Courtesy of Eli Klein Fine Art; (右下) Courtesy of Marco Cianfanelli/Photograph by Jonathan Burton
223ページ：Copyright Gary W. Priester, www.gwpriester.com

索引 Index

【ア行】

アイザック、マーティン
Martin Isaac　　　　　　118-119

会田 誠
Makoto Aida　　　　　　　　21

アッティオグベ、ジュリアン
Julien Attiogbe　　　　　　　156

アメリカン・パズルカード
American Puzzle Cards　　86-87

アロンソン、アンドレアス
Andreas Aronsson　　　　68-71

アンダーウッド、ジョージ
George Underwood　　　　　176

ウィーラー、リチャード
Richard Wheeler　　　　　　202

ウェイド、ニコラス
Nicholas Wade　　　　　　　203

ウェーバー、ハイケ
Heike Weber　　　　　　　　128

ウェナー、カート
Kurt Wenner　　　　　　　　32

ウェルズ、ローレン
Lauren Wells　　　　　　　　166

エーリッヒ、レアンドロ
Leandro Erlich　　　　　　　210

オカンポ、オクタビオ
Octavio Ocampo　　　　　88-90

オソウスキー、ラデク
Radek Ossowski　　　　　　105

オロス、イシュトバン
István Orosz　　　　　　206-209

【カ行】

カイ、マイケル
Michael Kai　　　　　　　　85

カガン、ラリー
Larry Kagan　　　　　　　50-51

カラⅡ、ロナルド・J
Ronald J. Cala II　　　　　　49

カリアー・アンド・アイヴズ
Currier & Ives　　　　　　　173

カンザス市立図書館
The Kansas City Public Library　183

キール、レオン
Leon Keer　　　　　　　186-188

ギタ、ユスティニアン
Iustinian Ghita　　　　　　　117

キム、スコット
Scott Kim　　　　　　　　33-35

クッシュ、ウラジーミル
Vladimir Kush　　　　　130-135

クレイグ、ジョン
John Craig　　　　　　　　　96

クワスニー、カール
Karl Kwasny　　　　　　　　189

ケミス
Chemis　　　　　　　　　　174

コルネリ、ファブリツィオ
Fabrizio Corneli　　　　126-127

ゴンサルヴェス、ロブ
Rob Gonsalves　　　　　　12-17

【サ行】

サネラ、アウグスト
Augusto Zanela　　　　204-205

サムスキー、マイケル
Michael Samsky　　　　　　　95

サルコーネ、ジャンニ・A
Gianni A. Sarcone　　　　78-81

シアンファネリ、マルコ
Marco Cianfanelli　　　　92-93

シェパード、ロジャー
Roger Shepard　　　　　102-104

シュバル、マイケル
Michael Cheval　　　　　　　77

シュプリャーク、オレーク
Oleg Shupliak　　　　　　22-23

シュペルバー、デボラ
Devorah Sperber　　　　　　152

スーター、デビッド
David Suter　　　　　　　　125

【タ行】

ターメス、ディック
Dick Termes　　　　　　150-151

高橋康介
Kohske Takahashi　　　　　162

ダニエル、グイド
Guido Daniele　　　　　164-165

タバリー、フランシス
Francis Tabary　　　　　　　163

チェシャー、マイケル
Michael Cheshire　　　　　　91

チャベス・トヴァル、ラミロ
Ramiro Chavez Tovar　　144-145

デイ、エリック
Eric Daigh　　　　　　　　　82

ディルメン、ネヴィット
Nevit Dilmen　　　　　　　　100

デル・バジェ、セサル
Cesar Del Valle　　　　　30-31

デロレンツォ、クリス
Chris DeLorenzo　　　　　　149

ドゥーリトル、ベヴ
Bev Doolittle　　　　　　146-147

トゥルーリー・デザイン
Truly Design　　　　　　106-107

【ナ行】

ナオ、カイア
Kaia Nao　　　　　　　　60-62

ナラーレ、アーヴィンド
Arvind Narale　　　　　　58-59

ニューウェル、ピーター
Peter Newell　　　　　　　　72

ノーラン、マイケル・S
Michael S. Nolan　　　　　　52

【ハ行】

パーキンス、ジェーン
Jane Perkins　　　　　　190-191

バーベイ、トマス
Tomas Barbèy　　　　　　97-99

パーマー、キャサリン
Catherine Palmer　　　　　142

パーマー、マーク
Mark Palmer　　　　　　　　63

バイアブル・ロンドン
Viable London　　　　　　　116

ハイネ、ベン
Ben Heine　　　　　　　　42-43

ハンナム、ロビン
Robin Hunnam　　　　　136-138

ピコン、ダニエル
Daniel Picon　　　　　　157-161

ヒューズ、パトリック
Patrick Hughes　　　　　180-181

ビレッジ9991
Village9991　　　　　　　　153

ファッカ、アレクシス
Alexis Facca　　　　　　　74-75

フォックス、クルペオ
Culpeo Fox　　　　　　　　83

フラウカ、バルテック
Bartek Hlawka　　　　　　　94

プラス、ベルナール
Bernard Pras　　　　　　　　37

プリースター、ゲイリー・W
Gary W. Priester　　　　177-179

ブルー・スカイ
Blue Sky　　　　　　　　　211

ブルーイン、ラモン
Ramon Bruin　　　　　　140-141

ブルル、ジョー
Joe Burull　　　　　　　　　53

プロホロフ、ニキータ
Nikita Prokhorov　　　　108-110

ヘラー、ジュリー
Julie Heller　　　　　　　　76

ボーリン、リウ
Liu Bolin　　　　　　　　18-20

ポールセン、ヘルマン
Hermann Paulsen　　　　192-195

ホプキンス、ジェームス
James Hopkins　　　　　　38-41

ボルソディ、ベラ
Bela Borsodi　　　　　　　　101

ホワイト、M
M. White　　　　　　　　　175

ホン・ホルレーベン、ジャン
Jan von Holleben　　　　　182

ホン・ラム、チョウ
Chow Hon Lam　　　　　168-171

【マ行】
マチャード、ウンベルト
Humberto Machado　　148
マリンズ、パム
Pam Mullins　　139
マルムグレン、ジェンス
Jens Malmgren　　121
マンティン、ジョン・V
John V. Muntean　　184-185
ミシュラ、プーニャ
Punya Mishra　　154-155
ムーア、ジョン
John Moore　　49
メアビーリャ、ビセンテ
Vicente Meavilla　　114-115

メイヤーズ、アンドリュー
Andrew Myers　　120
モール&トーマス
Mole & Thomas　　129
モスカレヴァ、エレーナ
Elena Moskaleva　　122-123
モルスキー、イーゴリ
Igor Morski　　24
モレッティ、グイド
Guido Moretti　　73

【ヤ行】
ヤウ・フーン、タン
Tang Yau Hoong　　54-57
ヨハンソン、エリック
Erik Johansson　　25-29

【ラ行】
ラッセル、リチャード
Richard Russell　　167
ラッタンツィオ、マウリツィオ
Maurizio Lattanzio　　124
ラボイエ、ルイス
Lewis Lavoie　　36
ラングドン、ジョン
John Langdon　　196-201
ランセル、シャーリーン
Charline Lancel　　143
リー・スタム、トレーシー
Tracy Lee Stum　　111-113
ルイセンコ、イーゴリ
Igor Lysenko　　64-65

ルン、ジョン
John Leung　　84
ロイテルスバルト、オスカー
Oscar Reutersvärd　　44-48

【ワ行】
ワーナー、カール
Carl Warner　　66-67

❖隠れている画像の答え

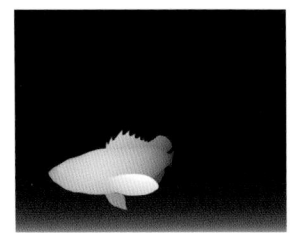

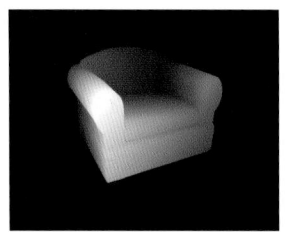

177ページ

178ページ

179ページ

【著者】ブラッド・ハニーカット　　*Brad Honeycutt*

ウェブ技術者、錯視マニア。ミシガン州立大で文学士号を取得。新しい錯視画像や映像を定期的に紹介するブログ（www.anopticalillusion.com）を主宰し、企業や個人の注文に応じてメッセージを立体的なステレオグラムにするサポートもしている。著書に『錯視芸術図鑑』（共著）と『Exceptional Eye Tricks（ものすごい目の錯覚）』がある。

【訳者】北川玲（きたがわ れい）

翻訳家。訳書に『錯視芸術図鑑』『インフォグラフィックで見る138億年の歴史』『天才科学者のひらめき36』『若き科学者への手紙』（創元社）など多数。

錯視芸術図鑑 2
――古典から最新作まで191点

2015年3月20日第1版第1刷　発行

著　者	ブラッド・ハニーカット
訳　者	北川　玲
発行者	矢部敬一
発行所	株式会社 創元社

http://www.sogensha.co.jp/
本社　〒541-0047 大阪市中央区淡路町4-3-6
　　　Tel.06-6231-9010　Fax.06-6233-3111
東京支店　〒162-0825 東京都新宿区神楽坂4-3 煉瓦塔ビル
　　　Tel.03-3269-1051

組版・装丁	寺村隆史
印刷所	泰和印刷株式会社

© 2015, Printed in Japan
ISBN978-4-422-70096-0 C0071

〔検印廃止〕
本書を無断で複写・複製することを禁じます。
落丁・乱丁のときはお取り替えいたします。

JCOPY 〈(社)出版者著作権管理機構 委託出版物〉
本書の無断複写は著作権法上での例外を除き禁じられています。複写される場合は、そのつど事前に、(社)出版者著作権管理機構(電話 03-3513-6969、FAX03-3513-6979、e-mail: info@jcopy.or.jp)の許諾を得てください。